Textos básicos de Derechos Humanos

***ACCESO GRATIS** a la Lectura en la Nube + Actualizaciones*

Para visualizar el libro electrónico en la nube de lectura envíe junto a su nombre y apellidos una fotografía del código de barras situado en la contraportada del libro y otra del ticket de compra a la dirección:

ebooktirant@tirant.com

En un máximo de 72 horas laborables le enviaremos el código de acceso con sus instrucciones.

Textos básicos de Derechos Humanos

3ª Edición

Con estudio introductorio

MIGUEL CARBONELL

tirant lo blanch
Ciudad de México, 2024

En caso de erratas y actualizaciones, la Editorial Tirant lo Blanch México publicará la pertinente corrección en la página web www.tirant.com/mex/ incorporada a la ficha del libro.

Este libro será publicado y distribuido internacionalmente en todos los países donde la Editorial Tirant lo Blanch esté presente.

Los textos jurídicos que aparecen se ofrecen con una finalidad informativa o divulgativa. Tirant lo Blanch intentará cuidar por la actualidad, exactitud y veracidad de los mismos, si bien advierte que no son los textos oficiales y declina toda responsabilidad por los daños que puedan causarse debido a las inexactitudes o incorrecciones de los mismos.

Los únicos textos considerados legalmente válidos son los que aparecen en las publicaciones oficiales de los correspondientes organismos autonómicos o nacionales.

© EDITA: TIRANT LO BLANCH
DISTRIBUYE: TIRANT LO BLANCH MÉXICO
Av. Tamaulipas 150, Oficina 502
Hipódromo, Cuauhtémoc, 06100, Ciudad de México
Telf: +52 1 55 65502317
infomex@tirant.com
www.tirant.com/mex/
www.tirant.es
ISBN: 978-84-1197-322-9

Si tiene alguna queja o sugerencia, envíenos un mail a: *atencioncliente@tirant.com*. En caso de no ser atendida su sugerencia, por favor, lea en *www.tirant.net/index.php/empresa/politicas-de-empresa* nuestro Procedimiento de quejas.

Responsabilidad Social Corporativa: http://www.tirant.net/Docs/RSCTirant.pdf

Índice

Introducción
Los derechos humanos como estándares de civilización

MIGUEL CARBONELL

En las páginas que siguen el lector podrá encontrar los más relevantes textos internacionales en materia de derechos humanos. Aunque los instrumentos en la materia suman centenares, se han elegido los más trascendentes considerando el momento en el que fueron creados, la influencia que han tenido sobre la comprensión contemporánea de los derechos humanos y por tratar de los derechos de todas las personas o de grupos en situación de vulnerabilidad como es el caso de las niñas, niños y adolescentes, o el de las mujeres.

La lectura de tales instrumentos internacionales debe interesar desde luego a todo estudiante de derecho o a cualquier persona que ejerza de alguna forma la profesión jurídica; pero también se trata de documentos que deberían ser leídos por todos los demás, ya que simbolizan una barrera civilizatoria de gran relevancia en la historia de la humanidad. Si revisamos la manera en la que los seres humanos hemos vivido a lo largo de nuestra existencia en el planeta, nos daremos cuenta que tenemos derechos humanos desde hace muy poco tiempo. Estamos hablando apenas de un poco más de dos siglos en los que se comienza a afianzar el discurso de los derechos, primero como un tema moral o filosófico y luego ya desde un punto de vista jurídico cuando se da el paso hacia su formal integración en las disposiciones constitucionales de muchos países[1].

No cabe duda que actualmente no se ha logrado la garantía plena de los derechos humanos, pero también es verdad que su conocimiento es el primer paso (esencial, por cierto) para alcanzarla algún día. No podemos proteger a los derechos humanos desde la ignorancia. Lo tenemos que hacer a partir del

---

1 Para conocer el origen y el desenvolvimiento histórico de los derechos humanos, remito a lo escrito en Carbonell, Miguel, *Los derechos humanos. Génesis y desarrollo*, México, Centro de Estudios Jurídicos Carbonell AC, 2019.

compromiso que solamente es capaz de surgir cuando tales derechos son conocidos y, por así decirlo, «apropiados» por sus titulares.

El que existan clamorosas y estructurales incluso violaciones de derechos humanos no nos debe llevar hacia una actitud pesimista que nos haga ciegos frente a los enormes avances que se han producido en los tiempos recientes y que nos deben hacer reflexionar sobre las muchas cosas que hoy tenemos y que las generaciones anteriores no pudieron disfrutar. Veamos algunos datos muy generales sobre el avance del bienestar de la humanidad en los tiempos recientes[2].

La tasa de pobreza extrema en el mundo (personas con ingresos inferiores a 1.9 dólares al día) era de 44.3% a nivel global en 1981. En 2015 había bajado hasta el 9.6%. Una disminución espectacular, nunca vista en la historia de la humanidad. De hecho, la tasa de pobreza global era del 94% en 1820, del 82% en 1910 y del 72% en 1950.

En las sociedades humanas de la prehistoria, cuando éramos cazadores-recolectores, la esperanza de vida se ubicaba entre los 20 y los 30 años. En las civilizaciones clásicas que dieron lugar al alumbramiento del mundo moderno en la antigua Grecia y el Imperio Romano, la esperanza de vida se ubicaba entre los 18 y los 25 años. En la Gran Bretaña del la Edad Media las personas vivían en promedio entre 17 y 35 años de edad. Antes del siglo XIX, ningún país europeo tenía una esperanza de vida superior a los 40 años.

El gran aumento de la esperanza de vida que hemos visto en los años recientes solamente ha sido disfrutado por cuatro, de las 8 mil generaciones de seres humanos que ha habitado el planeta desde hace doscientos mil años. La

---

2 Los datos citados en los párrafos de este texto se han tomado de varias fuentes. Algunos son del Banco Mundial, otros de la ONU, la FAO, la OMS, UNICEF o de los principales periódicos del mundo como *The New York Times*, *El País* o la revista *The Economist*. También pueden encontrarse argumentos semejantes en el libro de Johan Norberg, *Progreso. 10 razones para mirar al futuro con optimismo*, Madrid, DEUSTO, 2017 y en las obras de Steven Pinker, *Los ángeles que llevamos dentro. El declive de la violencia y sus implicaciones*, Barcelona, Paidós, 2011 y *En defensa de la Ilustración. Por la razón, la ciencia, el humanismo y el progreso*, Barcelona, Paidós, 2018.
Para una perspectiva histórica todavía más amplia, recomiendo los tres best-sellers de Yuval Noah Harari, *Sapiens. De animales a Dioses. Breve historia de la humanidad*, Madrid, Editorial Debate, 2015; *Homo deus. Breve historia del mañana*, Madrid, Editorial Debate, 2016; y *21 lecciones para el siglo XXI*, Madrid, Editorial Debate, 2018.

gran noticia es que el amable lector de este libro y quien esto escribe formamos parte de esos elegidos.

A finales del siglo XIX la mortalidad infantil promedio (muertes antes de cumplir 5 años) se movía entre los 10 y los 25 fallecimientos por cada 100 nacimientos. Actualmente oscila entre 2 y 5 muertes por cada 100 nacimientos, lo cual nos obliga a hacer todo lo posible por seguir bajando esa estadística.

La esperanza de vida en América Latina ha subido de los 50 años en 1950 hasta los 74 años en la actualidad. En África ha aumentado de los 37 hasta los 57 años en el mismo periodo, a pesar de los efectos devastadores de la epidemia de VIH en ese continente.

El aumento en la esperanza de vida y la disminución de la mortalidad infantil son resultado del incremento de la riqueza. Ningún país del mundo con una renta per capita superior a los 10 mil USD anuales tiene un rango de mortalidad infantil superior al 2%, como resultado del aumento de la inversión en salud, drenaje, agua potable, mejor alimentación y medicina más avanzada.

Y no solamente vivimos más años, sino que la calidad de vida en los tiempos actuales es infinitamente superior a la que han tenido las anteriores generaciones de habitantes del planeta. No olvidemos que antes de la Revolución Industrial se vivía sin medicinas, sin antibióticos, sin agua potable, sin cubrir las necesidades de ingesta calórica diaria, sin electricidad, sin drenaje en las ciudades.

Hace 150 años se requería el trabajo de un día completo de 25 personas para cosechar una tonelada de grano. Hoy la tecnología permite que esa cosecha la logre una sola persona y se tarde 6 minutos en realizar la tarea. En 1947 la mitad de la humanidad sufría desnutrición crónica según la FAO. Actualmente la desnutrición y el hambre afectan al 9% de los seres humanos (unos 690 millones de personas a nivel mundial, con datos de la OMS correspondientes al año 2019), lo cual es demasiado y se debe trabajar para erradicar por completo el hambre en el mundo. Entre 1961 y 2009 las tierras dedicadas al cultivo aumentaron en un 12% a nivel mundial, pero la productividad de las mismas se disparó en un 300%.

La OMS alerta sobre la deficiente alimentación. Millones de seres humanos ya no pasan hambre pero todavía no han logrado acceder a una dieta adecuada para su sano desarrollo. Se estima que 3 mil millones de personas en el mundo tienen una dieta deficiente. Los alimentos más nutritivos, como los productos lácteos, las frutas, las hortalizas y los alimentos proteínicos de origen animal o vegetal, son todavía demasiado caros. Una dieta saludable cuesta cinco veces más que paliar el hambre ingiriendo solamente almidones. La tarea, por tanto, no consiste solamente con terminar con el hambre, sino en procurar que la alimentación que tenemos sea la adecuada.

El Programa de Naciones Unidas para el Desarrollo ha construido un interesante índice de desarrollo humano que enfatiza desde el año 1990 cuestiones complementarias al mero crecimiento del Producto Interno Bruto (PIB), añadiendo dimensiones como la expectativa de vida al nacer, la igualdad de género, los años de escolaridad. El índice se enfoca en las capacidades con las que cuentan los seres humanos para tener una vida mejor. En el informe correspondiente al año 2020 se analizaron 189 países y territorios reconocidos por la ONU. México aparece en el lugar 74, en una situación semejante a la de Ucrania. Entre 1990 y 2019 la esperanza de vida aumentó 4.2 años, los años promedio de escolaridad en 3.3, el ingreso per cápita con valores constantes en 4,500 USD. Nos falta mucho por avanzar, pero sin duda hay datos alentadores.

El progreso de la humanidad ha sido una constante en los siglos recientes y especialmente en los años recientes. Cada vez más personas cuentan con formación académica, cada vez somos más sensibles frente a la discriminación y la desigualdad, cada vez se hacen esfuerzos mayores para aminorar el impacto ambiental de las actividades humanas, cada día surgen nuevos avances médicos y científicos, cada ciclo escolar los alumnos se esfuerzan más para alcanzar el conocimiento que les permitirá vivir una vida más plena. La lista de avances podría ser muy larga.

Vivimos en un mundo mejor. A veces no nos damos cuenta y pensamos que los avances de los que disfrutamos han sido una constante a lo largo de la historia, pero no es así. Muchos de esos avances, de eso no tengo duda, se han debido a la cultura de los derechos humanos, a partir de su consagración en textos internacionales que poco a poco han ido conformando una moralidad crítica que puede y debe ser extendida por todo el planeta. No importa que se trate de una meta lejana: debemos dar pasos ciertos hacia ella y debemos hacerlo además lo antes posible. La tarea de hacer realidad los derechos humanos para todas las personas es la más gloriosa y más encomiable que tenemos como humanidad. Y en esa tarea, cada uno de nosotros puede aportar mucho, tomando como punto de partida el conocimiento de las normas en las que tales derechos están recogidos. Esa es la razón de ser de este libro.

Antes de terminar estas líneas introductorias, quiero agradecer a Rafael Hernández Barco por su apoyo en la recopilación y ordenación de los materiales. También agradezco a los alumnos y alumnas del Centro de Estudios Carbonell quienes con sus preguntas y comentarios en clase me han permitido aprender mucho en los años recientes sobre los derechos humanos. Ha sido y seguirá siendo un privilegio el poder dialogar con personas tan brillantes, estudiosas y comprometidas.

Ciudad de México, diciembre de 2021

Declaración Universal de los Derechos Humanos

Adoptada y proclamada por la Asamblea General en su resolución 217 A (III), de 10 de diciembre de 1948

Preámbulo

Considerando que la libertad, la justicia y la paz en el mundo tienen por base el reconocimiento de la dignidad intrínseca y de los derechos iguales e inalienables de todos los miembros de la familia humana, Considerando que el desconocimiento y el menosprecio de los derechos humanos han originado actos de barbarie ultrajantes para la conciencia de la humanidad; y que se ha proclamado, como la aspiración más elevada del hombre, el advenimiento de un mundo en que los seres humanos, liberados del temor y de la miseria, disfruten de la libertad de palabra y de la libertad de creencias,

Considerando esencial que los derechos humanos sean protegidos por un régimen de Derecho, a fin de que el hombre no se vea compelido al supremo recurso de la rebelión contra la tiranía y la opresión,

Considerando también esencial promover el desarrollo de relaciones amistosas entre las naciones,

Considerando que los pueblos de las Naciones Unidas han reafirmado en la Carta su fe en los derechos fundamentales del hombre, en la dignidad y el valor de la persona humana y en la igualdad de derechos de hombres y mujeres; y se han declarado resueltos a promover el progreso social y a elevar el nivel de vida dentro de un concepto más amplio de la libertad,

Considerando que los Estados Miembros se han comprometido a asegurar, en cooperación con la Organización de las Naciones Unidas, el respeto universal y efectivo a los derechos y libertades fundamentales del hombre, y

Considerando que una concepción común de estos derechos y libertades es de la mayor importancia para el pleno cumplimiento de dicho compromiso,

La Asamblea General

Proclama la presente Declaración Universal de Derechos Humanos como ideal común por el que todos los pueblos y naciones deben esforzarse, a fin de que tanto los individuos como las instituciones, inspirándose constantemente en ella, promuevan, mediante la enseñanza y la educación, el respeto a estos derechos y libertades, y aseguren, por medidas progresivas de carácter nacional e internacional, su reconocimiento y aplicación universales y efectivos, tanto entre los pueblos de los Estados Miembros como entre los de los territorios colocados bajo su jurisdicción.

Artículo 1

Todos los seres humanos nacen libres e iguales en dignidad y derechos y, dotados como están de razón y conciencia, deben comportarse fraternalmente los unos con los otros.

Artículo 2

Toda persona tiene todos los derechos y libertades proclamados en esta Declaración, sin distinción alguna de raza, color, sexo, idioma, religión, opinión política o de cualquier otra índole, origen nacional o social, posición económica, nacimiento o cualquier otra condición. Además, no se hará distinción alguna fundada en la condición política, jurídica o internacional del país o territorio de cuya jurisdicción dependa una persona, tanto si se trata de un país independiente, como de un territorio bajo administración fiduciaria, no autónomo o sometido a cualquier otra limitación de soberanía.

Artículo 3

Todo individuo tiene derecho a la vida, a la libertad y a la seguridad de su persona.

Artículo 4

Nadie estará sometido a esclavitud ni a servidumbre, la esclavitud y la trata de esclavos están prohibidas en todas sus formas.

Artículo 5

Nadie será sometido a torturas ni a penas o tratos crueles, inhumanos o degradantes.

Artículo 6

Todo ser humano tiene derecho, en todas partes, al reconocimiento de su personalidad jurídica.

Artículo 7

Todos son iguales ante la ley y tienen, sin distinción, derecho a igual protección de la ley. Todos tienen derecho a igual protección contra toda discriminación que infrinja esta Declaración y contra toda provocación a tal discriminación.

Artículo 8

Toda persona tiene derecho a un recurso efectivo ante los tribunales nacionales competentes, que la ampare contra actos que violen sus derechos fundamentales reconocidos por la constitución o por la ley.

Artículo 9

Nadie podrá ser arbitrariamente detenido, preso ni desterrado.

Artículo 10

Toda persona tiene derecho, en condiciones de plena igualdad, a ser oída públicamente y con justicia por un tribunal independiente e imparcial, para la determinación de sus derechos y obligaciones o para el examen de cualquier acusación contra ella en materia penal.

Artículo 11

1. Toda persona acusada de delito tiene derecho a que se presuma su inocencia mientras no se pruebe su culpabilidad, conforme a la ley y en juicio público en el que se le hayan asegurado todas las garantías necesarias para su defensa.

2. Nadie será condenado por actos u omisiones que en el momento de cometerse no fueron delictivos según el Derecho nacional o internacional. Tampoco se impondrá pena más grave que la aplicable en el momento de la comisión del delito.

Artículo 12

Nadie será objeto de injerencias arbitrarias en su vida privada, su familia, su domicilio o su correspondencia, ni de ataques a su honra o a su reputación. Toda persona tiene derecho a la protección de la ley contra tales injerencias o ataques.

Artículo 13

1. Toda persona tiene derecho a circular libremente y a elegir su residencia en el territorio de un Estado.

2. Toda persona tiene derecho a salir de cualquier país, incluso del propio, y a regresar a su país.

Artículo 14

1. En caso de persecución, toda persona tiene derecho a buscar asilo, y a disfrutar de él, en cualquier país.

2. Este derecho no podrá ser invocado contra una acción judicial realmente originada por delitos comunes o por actos opuestos a los propósitos y principios de las Naciones Unidas.

Artículo 15

1. Toda persona tiene derecho a una nacionalidad.

2. A nadie se privará arbitrariamente de su nacionalidad ni del derecho a cambiar de nacionalidad.

Artículo 16

1. Los hombres y las mujeres, a partir de la edad núbil, tienen derecho, sin restricción alguna por motivos de raza, nacionalidad o religión, a casarse y fundar una familia, y disfrutarán de iguales derechos en cuanto al matrimonio, durante el matrimonio y en caso de disolución del matrimonio.

2. Sólo mediante libre y pleno consentimiento de los futuros esposos podrá contraerse el matrimonio.

3. La familia es el elemento natural y fundamental de la sociedad y tiene derecho a la protección de la sociedad y del Estado.

Artículo 17

1. Toda persona tiene derecho a la propiedad, individual y colectivamente.

2. Nadie será privado arbitrariamente de su propiedad.

Artículo 18

Toda persona tiene derecho a la libertad de pensamiento, de conciencia y de religión; este derecho incluye la libertad de cambiar de religión o de creencia, así como la libertad de manifestar su religión o su creencia, individual y colectivamente, tanto en público como en privado, por la enseñanza, la práctica, el culto y la observancia.

Artículo 19

Todo individuo tiene derecho a la libertad de opinión y de expresión; este derecho incluye el de no ser molestado a causa de sus opiniones, el de investigar y recibir informaciones y opiniones, y el de difundirlas, sin limitación de fronteras, por cualquier medio de expresión.

Artículo 20

1. Toda persona tiene derecho a la libertad de reunión y de asociación pacíficas.

2. Nadie podrá ser obligado a pertenecer a una asociación.

Artículo 21

1. Toda persona tiene derecho a participar en el gobierno de su país, directamente o por medio de representantes libremente escogidos.

2. Toda persona tiene el derecho de acceso, en condiciones de igualdad, a las funciones públicas de su país.

3. La voluntad del pueblo es la base de la autoridad del poder público; esta voluntad se expresará mediante elecciones auténticas que habrán de celebrarse periódicamente, por sufragio universal e igual y por voto secreto u otro procedimiento equivalente que garantice la libertad del voto.

Artículo 22

Toda persona, como miembro de la sociedad, tiene derecho a la seguridad social, y a obtener, mediante el esfuerzo nacional y la cooperación internacional, habida cuenta de la organización y los recursos de cada Estado, la satisfacción de los derechos económicos, sociales y culturales, indispensables a su dignidad y al libre desarrollo de su personalidad.

Artículo 23

1. Toda persona tiene derecho al trabajo, a la libre elección de su trabajo, a condiciones equitativas y satisfactorias de trabajo y a la protección contra el desempleo.

2. Toda persona tiene derecho, sin discriminación alguna, a igual salario por trabajo igual.

3. Toda persona que trabaja tiene derecho a una remuneración equitativa y satisfactoria, que le asegure, así como a su familia, una existencia conforme a la dignidad humana y que será completada, en caso necesario, por cualesquiera otros medios de protección social.

4. Toda persona tiene derecho a fundar sindicatos y a sindicarse para la defensa de sus intereses.

Artículo 24

Toda persona tiene derecho al descanso, al disfrute del tiempo libre, a una limitación razonable de la duración del trabajo y a vacaciones periódicas pagadas.

Artículo 25

1. Toda persona tiene derecho a un nivel de vida adecuado que le asegure, así como a su familia, la salud y el bienestar, y en especial la alimentación, el vestido, la vivienda, la asistencia médica y los servicios sociales necesarios; tiene asimismo derecho a los seguros en caso de desempleo, enfermedad, invalidez, viudez, vejez u otros casos de pérdida de sus medios de subsistencia por circunstancias independientes de su voluntad.

2. La maternidad y la infancia tienen derecho a cuidados y asistencia especiales. Todos los niños, nacidos de matrimonio o fuera de matrimonio, tienen derecho a igual protección social.

Artículo 26

1. Toda persona tiene derecho a la educación. La educación debe ser gratuita, al menos en lo concerniente a la instrucción elemental y fundamental. La instrucción elemental será obligatoria. La instrucción técnica y profesional habrá de ser generalizada; el acceso a los estudios superiores será igual para todos, en función de los méritos respectivos.

2. La educación tendrá por objeto el pleno desarrollo de la personalidad humana y el fortalecimiento del respeto a los derechos humanos y a las libertades fundamentales; favorecerá la comprensión, la tolerancia y la amistad entre todas las naciones y todos los grupos étnicos o religiosos, y promoverá el desarrollo de las actividades de las Naciones Unidas para el mantenimiento de la paz.

3. Los padres tendrán derecho preferente a escoger el tipo de educación que habrá de darse a sus hijos.

Artículo 27

1. Toda persona tiene derecho a tomar parte libremente en la vida cultural de la comunidad, a gozar de las artes y a participar en el progreso científico y en los beneficios que de él resulten.

2. Toda persona tiene derecho a la protección de los intereses morales y materiales que le correspondan por razón de las producciones científicas, literarias o artísticas de que sea autora.

Artículo 28

Toda persona tiene derecho a que se establezca un orden social e internacional en el que los derechos y libertades proclamados en esta Declaración se hagan plenamente efectivos.

Artículo 29

1. Toda persona tiene deberes respecto a la comunidad, puesto que sólo en ella puede desarrollar libre y plenamente su personalidad.

2. En el ejercicio de sus derechos y en el disfrute de sus libertades, toda persona estará solamente sujeta a las limitaciones establecidas por la ley con el único fin de asegurar el reconocimiento y el respeto de los derechos y libertades de los demás, y de satisfacer las justas exigencias de la moral, del orden público y del bienestar general en una sociedad democrática.

3. Estos derechos y libertades no podrán, en ningún caso, ser ejercidos en oposición a los propósitos y principios de las Naciones Unidas.

Artículo 30

Nada en esta Declaración podrá interpretarse en el sentido de que confiere derecho alguno al Estado, a un grupo o a una persona, para emprender y desarrollar actividades o realizar actos tendientes a la supresión de cualquiera de los derechos y libertades proclamados en esta Declaración.

Pacto Internacional de Derechos Civiles y Políticos

Adoptado y abierto a la firma, ratificación y adhesión por la Asamblea General en su resolución 2200 A (XXI), de 16 de diciembre de 1966

Entrada en vigor: 23 de marzo de 1976, de conformidad con el artículo 49
Lista de los Estados que han ratificado el pacto
Declaraciones y reservas (en inglés)

Preámbulo

Los Estados Partes en el presente Pacto,

Considerando que, conforme a los principios enunciados en la Carta de las Naciones Unidas, la libertad, la justicia y la paz en el mundo tienen por base el reconocimiento de la dignidad inherente a todos los miembros de la familia humana y de sus derechos iguales e inalienables,

Reconociendo que estos derechos se derivan de la dignidad inherente a la persona humana,

Reconociendo que, con arreglo a la Declaración Universal de Derechos Humanos, no puede realizarse el ideal del ser humano libre en el disfrute de las libertades civiles y políticas y liberado del temor y de la miseria, a menos que se creen condiciones que permitan a cada persona gozar de sus derechos civiles y políticos, tanto como de sus derechos económicos, sociales y culturales,

Considerando que la Carta de las Naciones Unidas impone a los Estados la obligación de promover el respeto universal y efectivo de los derechos y libertades humanos,

Comprendiendo que el individuo, por tener deberes respecto de otros individuos y de la comunidad a que pertenece, tiene la obligación de esforzarse por la consecución y la observancia de los derechos reconocidos en este Pacto,

Convienen en los artículos siguientes:

Parte I

Artículo 1

1. Todos los pueblos tienen el derecho de libre determinación. En virtud de este derecho establecen libremente su condición política y proveen asimismo a su desarrollo económico, social y cultural.

2. Para el logro de sus fines, todos los pueblos pueden disponer libremente de sus riquezas y recursos naturales, sin perjuicio de las obligaciones que derivan de la cooperación económica internacional basada en el principio del beneficio recíproco, así como del derecho internacional. En ningún caso podrá privarse a un pueblo de sus propios medios de subsistencia.

3. Los Estados Partes en el presente Pacto, incluso los que tienen la responsabilidad de administrar territorios no autónomos y territorios en fideicomiso, promoverán el ejercicio del derecho de libre determinación, y respetarán este derecho de conformidad con las disposiciones de la Carta de las Naciones Unidas.

Parte II

Artículo 2

1. Cada uno de los Estados Partes en el presente Pacto se compromete a respetar y a garantizar a todos los individuos que se encuentren en su territorio y estén sujetos a su jurisdicción los derechos reconocidos en el presente Pacto, sin distinción alguna de raza, color, sexo, idioma, religión, opinión política o de otra índole, origen nacional o social, posición económica, nacimiento o cualquier otra condición social.

2. Cada Estado Parte se compromete a adoptar, con arreglo a sus procedimientos constitucionales y a las disposiciones del presente Pacto, las medidas oportunas para dictar las disposiciones legislativas o de otro carácter que fueren necesarias para hacer efectivos los derechos reconocidos en el presente Pacto y que no estuviesen ya garantizados por disposiciones legislativas o de otro carácter.

3. Cada uno de los Estados Partes en el presente Pacto se compromete a garantizar que:

a) Toda persona cuyos derechos o libertades reconocidos en el presente Pacto hayan sido violados podrá interponer un recurso efectivo, aun cuando tal violación hubiera sido cometida por personas que actuaban en ejercicio de sus funciones oficiales;

b) La autoridad competente, judicial, administrativa o legislativa, o cualquiera otra autoridad competente prevista por el sistema legal del Estado, decidirá sobre los derechos de toda persona que interponga tal recurso, y desarrollará las posibilidades de recurso judicial;

c) Las autoridades competentes cumplirán toda decisión en que se haya estimado procedente el recurso.

Artículo 3

Los Estados Partes en el presente Pacto se comprometen a garantizar a hombres y mujeres la igualdad en el goce de todos los derechos civiles y políticos enunciados en el presente Pacto.

Artículo 4

1. En situaciones excepcionales que pongan en peligro la vida de la nación y cuya existencia haya sido proclamada oficialmente, los Estados Partes en el presente Pacto podrán adoptar disposiciones que, en la medida estrictamente limitada a las exigencias de la situación, suspendan las obligaciones contraídas en virtud de este Pacto, siempre que tales disposiciones no sean incompatibles con las demás obligaciones que les impone el derecho internacional y no entrañen discriminación alguna fundada únicamente en motivos de raza, color, sexo, idioma, religión u origen social.

2. La disposición precedente no autoriza suspensión alguna de los artículos 6, 7, 8 (párrafos 1 y 2), 11, 15, 16 y 18.

3. Todo Estado Parte en el presente Pacto que haga uso del derecho de suspensión deberá informar inmediatamente a los demás Estados Partes en el presente Pacto, por conducto del Secretario General de las Naciones Unidas, de las disposiciones cuya aplicación haya suspendido y de los motivos que hayan suscitado la suspensión. Se hará una nueva comunicación por el mismo conducto en la fecha en que se haya dado por terminada tal suspensión. Observación general sobre su aplicación

Artículo 5

1. Ninguna disposición del presente Pacto podrá ser interpretada en el sentido de conceder derecho alguno a un Estado, grupo o individuo para emprender actividades o realizar actos encaminados a la destrucción de cualquiera de los derechos y libertades reconocidos en el Pacto o a su limitación en mayor medida que la prevista en él.

2. No podrá admitirse restricción o menoscabo de ninguno de los derechos humanos fundamentales reconocidos o vigentes en un Estado Parte en virtud de leyes, convenciones, reglamentos o costumbres, so pretexto de que el presente Pacto no los reconoce o los reconoce en menor grado.

Parte III

Artículo 6

1. El derecho a la vida es inherente a la persona humana. Este derecho estará protegido por la ley. Nadie podrá ser privado de la vida arbitrariamente.

2. En los países en que no hayan abolido la pena capital sólo podrá imponerse la pena de muerte por los más graves delitos y de conformidad con leyes que estén en vigor en el momento de cometerse el delito y que no sean contrarias a las disposiciones del presente Pacto ni a la Convención para la Prevención y Sanción del Delito de Genocidio. Esta pena sólo podrá imponerse en cumplimiento de sentencia definitiva de un tribunal competente.

3. Cuando la privación de la vida constituya delito de genocidio se tendrá entendido que nada de lo dispuesto en este artículo excusará en modo alguno a los Estados Partes del cumplimiento de ninguna de las obligaciones asumidas en virtud de las disposiciones de la Convención para la Prevención y la Sanción del Delito de Genocidio.

4. Toda persona condenada a muerte tendrá derecho a solicitar el indulto o la conmutación de la pena de muerte. La amnistía, el indulto o la conmutación de la pena capital podrán ser concedidos en todos los casos.

5. No se impondrá la pena de muerte por delitos cometidos por personas de menos de 18 años de edad, ni se la aplicará a las mujeres en estado de gravidez.

6. Ninguna disposición de este artículo podrá ser invocada por un Estado Parte en el presente Pacto para demorar o impedir la abolición de la pena capital.

Artículo 7

Nadie será sometido a torturas ni a penas o tratos crueles, inhumanos o degradantes. En particular, nadie será sometido sin su libre consentimiento a experimentos médicos o científicos.

Artículo 8

1. Nadie estará sometido a esclavitud. La esclavitud y la trata de esclavos estarán prohibidas en todas sus formas.

2. Nadie estará sometido a servidumbre.

3.

a) Nadie será constreñido a ejecutar un trabajo forzoso u obligatorio;

b) El inciso precedente no podrá ser interpretado en el sentido de que prohíbe, en los países en los cuales ciertos delitos pueden ser castigados con la pena de prisión acompañada de trabajos forzados, el cumplimiento de una pena de trabajos forzados impuesta por un tribunal competente;

c) No se considerarán como «trabajo forzoso u obligatorio», a los efectos de este párrafo:

i) Los trabajos o servicios que, aparte de los mencionados en el inciso b), se exijan normalmente de una persona presa en virtud de una decisión judicial legalmente dictada, o de una persona que habiendo sido presa en virtud de tal decisión se encuentre en libertad condicional;

ii) El servicio de carácter militar y, en los países donde se admite la exención por razones de conciencia, el servicio nacional que deben prestar conforme a la ley quienes se opongan al servicio militar por razones de conciencia.

iii) El servicio impuesto en casos de peligro o calamidad que amenace la vida o el bienestar de la comunidad;

iv) El trabajo o servicio que forme parte de las obligaciones cívicas normales.

Artículo 9

1. Todo individuo tiene derecho a la libertad y a la seguridad personales. Nadie podrá ser sometido a detención o prisión arbitrarias. Nadie podrá ser privado de su libertad, salvo por las causas fijadas por ley y con arreglo al procedimiento establecido en ésta.

2. Toda persona detenida será informada, en el momento de su detención, de las razones de la misma, y notificada, sin demora, de la acusación formulada contra ella.

3. Toda persona detenida o presa a causa de una infracción penal será llevada sin demora ante un juez u otro funcionario autorizado por la ley para ejercer funciones judiciales, y tendrá derecho a ser juzgada dentro de un plazo razonable o a ser puesta en libertad. La prisión preventiva de las personas que hayan de ser juzgadas no debe ser la regla general, pero su libertad podrá estar

subordinada a garantías que aseguren la comparecencia del acusado en el acto del juicio, o en cualquier momento de las diligencias procesales y, en su caso, para la ejecución del fallo.

4. Toda persona que sea privada de libertad en virtud de detención o prisión tendrá derecho a recurrir ante un tribunal, a fin de que éste decida a la brevedad posible sobre la legalidad de su prisión y ordene su libertad si la prisión fuera ilegal.

5. Toda persona que haya sido ilegalmente detenida o presa, tendrá el derecho efectivo a obtener reparación.

Artículo 10

1. Toda persona privada de libertad será tratada humanamente y con el respeto debido a la dignidad inherente al ser humano.

2.

a) Los procesados estarán separados de los condenados, salvo en circunstancias excepcionales, y serán sometidos a un tratamiento distinto, adecuado a su condición de personas no condenadas;

b) Los menores procesados estarán separados de los adultos y deberán ser llevados ante los tribunales de justicia con la mayor celeridad posible para su enjuiciamiento.

3. El régimen penitenciario consistirá en un tratamiento cuya finalidad esencial será la reforma y la readaptación social de los penados. Los menores delincuentes estarán separados de los adultos y serán sometidos a un tratamiento adecuado a su edad y condición jurídica.

Artículo 11

Nadie será encarcelado por el solo hecho de no poder cumplir una obligación contractual.

Artículo 12

1. Toda persona que se halle legalmente en el territorio de un Estado tendrá derecho a circular libremente por él y a escoger libremente en él su residencia.

2. Toda persona tendrá derecho a salir libremente de cualquier país, incluso del propio.

3. Los derechos antes mencionados no podrán ser objeto de restricciones salvo cuando éstas se hallen previstas en la ley, sean necesarias para proteger la seguridad nacional, el orden público, la salud o la moral públicas o los

derechos y libertades de terceros, y sean compatibles con los demás derechos reconocidos en el presente Pacto.

4. Nadie podrá ser arbitrariamente privado del derecho a entrar en su propio país.

Artículo 13

El extranjero que se halle legalmente en el territorio de un Estado Parte en el presente Pacto sólo podrá ser expulsado de él en cumplimiento de una decisión adoptada conforme a la ley; y, a menos que razones imperiosas de seguridad nacional se opongan a ello, se permitirá a tal extranjero exponer las razones que lo asistan en contra de su expulsión, así como someter su caso a revisión ante la autoridad competente o bien ante la persona o personas designadas especialmente por dicha autoridad competente, y hacerse representar con tal fin ante ellas.

Artículo 14

1. Todas las personas son iguales ante los tribunales y cortes de justicia. Toda persona tendrá derecho a ser oída públicamente y con las debidas garantías por un tribunal competente, independiente e imparcial, establecido por la ley, en la substanciación de cualquier acusación de carácter penal formulada contra ella o para la determinación de sus derechos u obligaciones de carácter civil. La prensa y el público podrán ser excluidos de la totalidad o parte de los juicios por consideraciones de moral, orden público o seguridad nacional en una sociedad democrática, o cuando lo exija el interés de la vida privada de las partes o, en la medida estrictamente necesaria en opinión del tribunal, cuando por circunstancias especiales del asunto la publicidad pudiera perjudicar a los intereses de la justicia; pero toda sentencia en materia penal o contenciosa será pública, excepto en los casos en que el interés de menores de edad exija lo contrario, o en las acusaciones referentes a pleitos matrimoniales o a la tutela de menores.

2. Toda persona acusada de un delito tiene derecho a que se presuma su inocencia mientras no se pruebe su culpabilidad conforme a la ley.

3. Durante el proceso, toda persona acusada de un delito tendrá derecho, en plena igualdad, a las siguientes garantías mínimas:

a) A ser informada sin demora, en un idioma que comprenda y en forma detallada, de la naturaleza y causas de la acusación formulada contra ella;

b) A disponer del tiempo y de los medios adecuados para la preparación de su defensa y a comunicarse con un defensor de su elección;

c) A ser juzgado sin dilaciones indebidas;

d) A hallarse presente en el proceso y a defenderse personalmente o ser asistida por un defensor de su elección; a ser informada, si no tuviera defensor, del derecho que le asiste a tenerlo, y, siempre que el interés de la justicia lo exija, a que se le nombre defensor de oficio, gratuitamente, si careciere de medios suficientes para pagarlo;

e) A interrogar o hacer interrogar a los testigos de cargo y a obtener la comparecencia de los testigos de descargo y que éstos sean interrogados en las mismas condiciones que los testigos de cargo;

f) A ser asistida gratuitamente por un intérprete, si no comprende o no habla el idioma empleado en el tribunal;

g) A no ser obligada a declarar contra sí misma ni a confesarse culpable.

4. En el procedimiento aplicable a los menores de edad a efectos penales se tendrá en cuenta esta circunstancia y la importancia de estimular su readaptación social.

5. Toda persona declarada culpable de un delito tendrá derecho a que el fallo condenatorio y la pena que se le haya impuesto sean sometidos a un tribunal superior, conforme a lo prescrito por la ley.

6. Cuando una sentencia condenatoria firme haya sido ulteriormente revocada, o el condenado haya sido indultado por haberse producido o descubierto un hecho plenamente probatorio de la comisión de un error judicial, la persona que haya sufrido una pena como resultado de tal sentencia deberá ser indemnizada, conforme a la ley, a menos que se demuestre que le es imputable en todo o en parte el no haberse revelado oportunamente el hecho desconocido.

7. Nadie podrá ser juzgado ni sancionado por un delito por el cual haya sido ya condenado o absuelto por una sentencia firme de acuerdo con la ley y el procedimiento penal de cada país.

Artículo 15

1. Nadie será condenado por actos u omisiones que en el momento de cometerse no fueran delictivos según el derecho nacional o internacional. Tampoco se impondrá pena más grave que la aplicable en el momento de la comisión del delito. Si con posterioridad a la comisión del delito la ley dispone la imposición de una pena más leve, el delincuente se beneficiará de ello.

2. Nada de lo dispuesto en este artículo se opondrá al juicio ni a la condena de una persona por actos u omisiones que, en el momento de cometerse, fueran delictivos según los principios generales del derecho reconocidos por la comunidad internacional.

Artículo 16

Todo ser humano tiene derecho, en todas partes, al reconocimiento de su personalidad jurídica.

Artículo 17

1. Nadie será objeto de injerencias arbitrarias o ilegales en su vida privada, su familia, su domicilio o su correspondencia, ni de ataques ilegales a su honra y reputación.

2. Toda persona tiene derecho a la protección de la ley contra esas injerencias o esos ataques.

Artículo 18

1. Toda persona tiene derecho a la libertad de pensamiento, de conciencia y de religión; este derecho incluye la libertad de tener o de adoptar la religión o las creencias de su elección, así como la libertad de manifestar su religión o sus creencias, individual o colectivamente, tanto en público como en privado, mediante el culto, la celebración de los ritos, las prácticas y la enseñanza.

2. Nadie será objeto de medidas coercitivas que puedan menoscabar su libertad de tener o de adoptar la religión o las creencias de su elección.

3. La libertad de manifestar la propia religión o las propias creencias estará sujeta únicamente a las limitaciones prescritas por la ley que sean necesarias para proteger la seguridad, el orden, la salud o la moral públicos, o los derechos y libertades fundamentales de los demás.

4. Los Estados Partes en el presente Pacto se comprometen a respetar la libertad de los padres y, en su caso, de los tutores legales, para garantizar que los hijos reciban la educación religiosa y moral que esté de acuerdo con sus propias convicciones.

Artículo 19

1. Nadie podrá ser molestado a causa de sus opiniones.

2. Toda persona tiene derecho a la libertad de expresión; este derecho comprende la libertad de buscar, recibir y difundir informaciones e ideas de

toda índole, sin consideración de fronteras, ya sea oralmente, por escrito o en forma impresa o artística, o por cualquier otro procedimiento de su elección.

3. El ejercicio del derecho previsto en el párrafo 2 de este artículo entraña deberes y responsabilidades especiales. Por consiguiente, puede estar sujeto a ciertas restricciones, que deberán, sin embargo, estar expresamente fijadas por la ley y ser necesarias para:

a) Asegurar el respeto a los derechos o a la reputación de los demás;

b) La protección de la seguridad nacional, el orden público o la salud o la moral públicas.

Artículo 20

1. Toda propaganda en favor de la guerra estará prohibida por la ley.

2. Toda apología del odio nacional, racial o religioso que constituya incitación a la discriminación, la hostilidad o la violencia estará prohibida por la ley.

Artículo 21

Se reconoce el derecho de reunión pacífica. El ejercicio de tal derecho sólo podrá estar sujeto a las restricciones previstas por la ley que sean necesarias en una sociedad democrática, en interés de la seguridad nacional, de la seguridad pública o del orden público, o para proteger la salud o la moral públicas o los derechos y libertades de los demás.

Artículo 22

1. Toda persona tiene derecho a asociarse libremente con otras, incluso el derecho a fundar sindicatos y afiliarse a ellos para la protección de sus intereses.

2. El ejercicio de tal derecho sólo podrá estar sujeto a las restricciones previstas por la ley que sean necesarias en una sociedad democrática, en interés de la seguridad nacional, de la seguridad pública o del orden público, o para proteger la salud o la moral públicas o los derechos y libertades de los demás. El presente artículo no impedirá la imposición de restricciones legales al ejercicio de tal derecho cuando se trate de miembros de las fuerzas armadas y de la policía.

3. Ninguna disposición de este artículo autoriza a los Estados Partes en el Convenio de la Organización Internacional del Trabajo de 1948, relativo a la libertad sindical y a la protección del derecho de sindicación, a adoptar medidas legislativas que puedan menoscabar las garantías previstas en él ni a aplicar la ley de tal manera que pueda menoscabar esas garantías.

Artículo 23

1. La familia es el elemento natural y fundamental de la sociedad y tiene derecho a la protección de la sociedad y del Estado.

2. Se reconoce el derecho del hombre y de la mujer a contraer matrimonio y a fundar una familia si tienen edad para ello.

3. El matrimonio no podrá celebrarse sin el libre y pleno consentimiento de los contrayentes.

4. Los Estados Partes en el presente Pacto tomarán las medidas apropiadas para asegurar la igualdad de derechos y de responsabilidades de ambos esposos en cuanto al matrimonio, durante el matrimonio y en caso de disolución del mismo. En caso de disolución, se adoptarán disposiciones que aseguren la protección necesaria a los hijos.

Artículo 24

1. Todo niño tiene derecho, sin discriminación alguna por motivos de raza, color, sexo, idioma, religión, origen nacional o social, posición económica o nacimiento, a las medidas de protección que su condición de menor requiere, tanto por parte de su familia como de la sociedad y del Estado.

2. Todo niño será inscrito inmediatamente después de su nacimiento y deberá tener un nombre.

3. Todo niño tiene derecho a adquirir una nacionalidad.

Artículo 25

Todos los ciudadanos gozarán, sin ninguna de la distinciones mencionadas en el artículo 2, y sin restricciones indebidas, de los siguientes derechos y oportunidades:

a) Participar en la dirección de los asuntos públicos, directamente o por medio de representantes libremente elegidos;

b) Votar y ser elegidos en elecciones periódicas, auténticas, realizadas por sufragio universal e igual y por voto secreto que garantice la libre expresión de la voluntad de los electores;

c) Tener acceso, en condiciones generales de igualdad, a las funciones públicas de su país.

Artículo 26

Todas las personas son iguales ante la ley y tienen derecho sin discriminación a igual protección de la ley. A este respecto, la ley prohibirá toda discriminación y garantizará a todas las personas protección igual y efectiva contra cualquier discriminación por motivos de raza, color, sexo, idioma, religión, opiniones políticas o de cualquier índole, origen nacional o social, posición económica, nacimiento o cualquier otra condición social.

Artículo 27

En los Estados en que existan minorías étnicas, religiosas o lingüísticas, no se negará a las personas que pertenezcan a dichas minorías el derecho que les corresponde, en común con los demás miembros de su grupo, a tener su propia vida cultural, a profesar y practicar su propia religión y a emplear su propio idioma.

Parte IV

Artículo 28

1. Se establecerá un Comité de Derechos Humanos (en adelante denominado el Comité). Se compondrá de dieciocho miembros, y desempeñará las funciones que se señalan más adelante.

2. El Comité estará compuesto de nacionales de los Estados Partes en el presente Pacto, que deberán ser personas de gran integridad moral, con reconocida competencia en materia de derechos humanos. Se tomará en consideración la utilidad de la participación de algunas personas que tengan experiencia jurídica.

3. Los miembros del Comité serán elegidos y ejercerán sus funciones a título personal.

Artículo 29

1. Los miembros del Comité serán elegidos por votación secreta de una lista de personas que reúnan las condiciones previstas en el artículo 28 y que sean propuestas al efecto por los Estados Partes en el presente Pacto.

2. Cada Estado Parte en el presente Pacto podrá proponer hasta dos personas. Estas personas serán nacionales del Estado que las proponga.

3. La misma persona podrá ser propuesta más de una vez.

Artículo 30

1. La elección inicial se celebrará a más tardar seis meses después de la fecha de entrada en vigor del presente Pacto.

2. Por lo menos cuatro meses antes de la fecha de la elección del Comité, siempre que no se trate de una elección para llenar una vacante declarada de

conformidad con el artículo 34, el Secretario General de las Naciones Unidas invitará por escrito a los Estados Partes en el presente Pacto a presentar sus candidatos para el Comité en el término de tres meses.

3. El Secretario General de las Naciones Unidas preparará una lista por orden alfabético de los candidatos que hubieren sido presentados, con indicación de los Estados Partes que los hubieren designado, y la comunicará a los Estados Partes en el presente Pacto a más tardar un mes antes de la fecha de cada elección.

4. La elección de los miembros del Comité se celebrará en una reunión de los Estados Partes en el presente Pacto convocada por el Secretario General de las Naciones Unidas en la Sede de la Organización. En esa reunión, para la cual el quórum estará constituido por dos tercios de los Estados Partes en el presente Pacto, quedarán elegidos miembros del Comité los candidatos que obtengan el mayor número de votos y la mayoría absoluta de los votos de los representantes de los Estados Partes presentes y votantes.

Artículo 31

1. El Comité no podrá comprender más de un nacional de un mismo Estado.

2. En la elección del Comité se tendrá en cuenta una distribución geográfica equitativa de los miembros y la representación de las diferentes formas de civilización y de los principales sistemas jurídicos.

Artículo 32

1. Los miembros del Comité se elegirán por cuatro años. Podrán ser reelegidos si se presenta de nuevo su candidatura. Sin embargo, los mandatos de nueve de los miembros elegidos en la primera elección expirarán al cabo de dos años. Inmediatamente después de la primera elección, el Presidente de la reunión mencionada en el párrafo 4 del artículo 30 designará por sorteo los nombres de estos nueve miembros.

2. Las elecciones que se celebren al expirar el mandato se harán con arreglo a los artículos precedentes de esta parte del presente Pacto.

Artículo 33

1. Si los demás miembros estiman por unanimidad que un miembro del Comité ha dejado de desempeñar sus funciones por otra causa que la de ausencia temporal, el Presidente del Comité notificará este hecho al Secretario General de las Naciones Unidas, quien declarará vacante el puesto de dicho miembro.

2. En caso de muerte o renuncia de un miembro del Comité, el Presidente lo notificará inmediatamente al Secretario General de las Naciones Unidas, quien declarará vacante el puesto desde la fecha del fallecimiento o desde la fecha en que sea efectiva la renuncia.

Artículo 34

1. Si se declara una vacante de conformidad con el artículo 33 y si el mandato del miembro que ha de ser sustituido no expira dentro de los seis meses que sigan a la declaración de dicha vacante, el Secretario General de las Naciones Unidas lo notificará a cada uno de los Estados Partes en el presente Pacto, los cuales, para llenar la vacante, podrán presentar candidatos en el plazo de dos meses, de acuerdo con lo dispuesto en el párrafo 2 del artículo 29.

2. El Secretario General de las Naciones Unidas preparará una lista por orden alfabético de los candidatos así designados y la comunicará a los Estados Partes en el presente Pacto. La elección para llenar la vacante se verificará de conformidad con las disposiciones pertinentes de esta parte del presente Pacto.

3. Todo miembro del Comité que haya sido elegido para llenar una vacante declarada de conformidad con el artículo 33 ocupará el cargo por el resto del mandato del miembro que dejó vacante el puesto en el Comité conforme a lo dispuesto en este artículo.

Artículo 35

Los miembros del Comité, previa aprobación de la Asamblea General de las Naciones Unidas, percibirán emolumentos de los fondos de las Naciones Unidas en la forma y condiciones que la Asamblea General determine, teniendo en cuenta la importancia de las funciones del Comité.

Artículo 36

El Secretario General de las Naciones Unidas proporcionará el personal y los servicios necesarios para el desempeño eficaz de las funciones del Comité en virtud del presente Pacto.

Artículo 37

1. El Secretario General de las Naciones Unidas convocará la primera reunión del Comité en la Sede de las Naciones Unidas.

2. Después de su primera reunión, el Comité se reunirá en las ocasiones que se prevean en su reglamento.

3. El Comité se reunirá normalmente en la Sede de las Naciones Unidas o en la Oficina de las Naciones Unidas en Ginebra.

Artículo 38

Antes de entrar en funciones, los miembros del Comité declararán solemnemente en sesión pública del Comité que desempeñarán su cometido con toda imparcialidad y conciencia.

Artículo 39

1. El Comité elegirá su Mesa por un período de dos años. Los miembros de la Mesa podrán ser reelegidos.

2. El Comité establecerá su propio reglamento, en el cual se dispondrá, entre otras cosas, que:

a) Doce miembros constituirán el quórum;

b) Las decisiones del Comité se tomarán por mayoría de votos de los miembros presentes.

Artículo 40

1. Los Estados Partes en el presente Pacto se comprometen a presentar informes sobre las disposiciones que hayan adoptado y que den efecto a los derechos reconocidos en el Pacto y sobre el progreso que hayan realizado en cuanto al goce de esos derechos:

a) En el plazo de un año a contar de la fecha de entrada en vigor del presente Pacto con respecto a los Estados Partes interesados;

b) En lo sucesivo, cada vez que el Comité lo pida.

2. Todos los informes se presentarán al Secretario General de las Naciones Unidas, quien los transmitirá al Comité para examen. Los informes señalarán los factores y las dificultades, si los hubiere, que afecten a la aplicación del presente Pacto.

3. El Secretario General de las Naciones Unidas, después de celebrar consultas con el Comité, podrá transmitir a los organismos especializados interesados copias de las partes de los informes que caigan dentro de sus esferas de competencia.

4. El Comité estudiará los informes presentados por los Estados Partes en el presente Pacto. Transmitirá sus informes, y los comentarios generales que estime oportunos, a los Estados Partes. El Comité también podrá transmitir al Consejo Económico y Social esos comentarios, junto con copia de los informes que haya recibido de los Estados Partes en el Pacto.

5. Los Estados Partes podrán presentar al Comité observaciones sobre cualquier comentario que se haga con arreglo al párrafo 4 del presente artículo.

Artículo 41

1. Con arreglo al presente artículo, todo Estado Parte en el presente Pacto podrá declarar en cualquier momento que reconoce la competencia del Comité para recibir y examinar las comunicaciones en que un Estado Parte alegue que otro Estado Parte no cumple las obligaciones que le impone este Pacto. Las comunicaciones hechas en virtud del presente artículo sólo se podrán admitir y examinar si son presentadas por un Estado Parte que haya hecho una declaración por la cual reconozca con respecto a sí mismo la competencia del Comité. El Comité no admitirá ninguna comunicación relativa a un Estado Parte que no haya hecho tal declaración. Las comunicaciones recibidas en virtud de este artículo se tramitarán de conformidad con el procedimiento siguiente:

a) Si un Estado Parte en el presente Pacto considera que otro Estado Parte no cumple las disposiciones del presente Pacto, podrá señalar el asunto a la atención de dicho Estado mediante una comunicación escrita. Dentro de un plazo de tres meses, contado desde la fecha de recibo de la comunicación, el Estado destinatario proporcionará al Estado que haya enviado la comunicación una explicación o cualquier otra declaración por escrito que aclare el asunto, la cual hará referencia, hasta donde sea posible y pertinente, a los procedimientos nacionales y a los recursos adoptados, en trámite o que puedan utilizarse al respecto.

b) Si el asunto no se resuelve a satisfacción de los dos Estados Partes interesados en un plazo de seis meses contado desde la fecha en que el Estado destinatario haya recibido la primera comunicación, cualquiera de ambos Estados Partes interesados tendrá derecho a someterlo al Comité, mediante notificación dirigida al Comité y al otro Estado.

c) El Comité conocerá del asunto que se le someta después de haberse cerciorado de que se han interpuesto y agotado en tal asunto todos los recursos de la jurisdicción interna de que se pueda disponer, de conformidad con los principios del derecho internacional generalmente admitidos. No se aplicará esta regla cuando la tramitación de los mencionados recursos se prolongue injustificadamente.

d) El Comité celebrará sus sesiones a puerta cerrada cuando examine las comunicaciones previstas en el presente artículo.

e) A reserva de las disposiciones del inciso c, el Comité pondrá sus buenos oficios a disposición de los Estados Partes interesados a fin de llegar a una solución amistosa del asunto, fundada en el respeto de los derechos humanos y de las libertades fundamentales reconocidos en el presente Pacto.

f) En todo asunto que se le someta, el Comité podrá pedir a los Estados Partes interesados a que se hace referencia en el inciso b que faciliten cualquier información pertinente.

g) Los Estados Partes interesados a que se hace referencia en el inciso obtendrán derecho a estar representados cuando el asunto se examine en el Comité y a presentar exposiciones verbalmente, o por escrito, o de ambas maneras.

h) El Comité, dentro de los doce meses siguientes a la fecha de recibido de la notificación mencionada en el inciso b), presentará un informe en el cual:

i) Si se ha llegado a una solución con arreglo a lo dispuesto en el inciso e, se limitará a una breve exposición de los hechos y de la solución alcanzada:

ii) Si no se ha llegado a una solución con arreglo a lo dispuesto en el inciso e, se limitará a una breve exposición de los hechos y agregará las exposiciones escritas y las actas de las exposiciones verbales que hayan hecho los Estados Partes interesados.

En cada asunto, se enviará el informe los Estados Partes interesados.

2. Las disposiciones del presente artículo entrarán en vigor cuando diez Estados Partes en el presente Pacto hayan hecho las declaraciones a que se hace referencia en el párrafo 1 del presente artículo. Tales declaraciones serán depositadas por los Estados Partes en poder del Secretario General de las Naciones Unidas, quien remitirá copia de las mismas a los demás Estados Partes. Toda declaración podrá retirarse en cualquier momento mediante notificación dirigida al Secretario General. Tal retiro no será obstáculo para que se examine cualquier asunto que sea objeto de una comunicación ya transmitida en virtud de este artículo; no se admitirá ninguna nueva comunicación de un Estado Parte una vez que el Secretario General de las Naciones Unidas haya recibido la notificación de retiro de la declaración, a menos que el Estado Parte interesado haya hecho una nueva declaración.

Artículo 42

1.

a) Si un asunto remitido al Comité con arreglo al artículo 41 no se resuelve a satisfacción de los Estados Partes interesados, el Comité, con el previo consentimiento de los Estados Partes interesados, podrá designar una Comisión

Especial de Conciliación (denominada en adelante la Comisión). Los buenos oficios de la Comisión se pondrán a disposición de los Estados Partes interesados a fin de llegar a una solución amistosa del asunto, basada en el respeto al presente Pacto.

b) La Comisión estará integrada por cinco personas aceptables para los Estados Partes interesados. Si, transcurridos tres meses, los Estados Partes interesados no se ponen de acuerdo sobre la composición, en todo o en parte, de la Comisión, los miembros de la Comisión sobre los que no haya habido acuerdo serán elegidos por el Comité, de entre sus propios miembros, en votación secreta y por mayoría de dos tercios.

2. Los miembros de la Comisión ejercerán sus funciones a título personal. No serán nacionales de los Estados Partes interesados, de ningún Estado que no sea parte en el presente Pacto, ni de ningún Estado Parte que no haya hecho la declaración prevista en el artículo 41.

3. La Comisión elegirá su propio Presidente y aprobará su propio reglamento.

4. Las reuniones de la Comisión se celebrarán normalmente en la Sede de las Naciones Unidas o en la Oficina de las Naciones Unidas en Ginebra. Sin embargo, podrán celebrarse en cualquier otro lugar conveniente que la Comisión acuerde en consulta con el Secretario General de las Naciones Unidas y los Estados Partes interesados.

5. La secretaría prevista en el artículo 36 prestará también servicios a las comisiones que se establezcan en virtud del presente artículo.

6. La información recibida y estudiada por el Comité se facilitará a la Comisión, y ésta podrá pedir a los Estados Partes interesados que faciliten cualquier otra información pertinente.

7. Cuando la Comisión haya examinado el asunto en todos sus aspectos, y en todo caso en un plazo no mayor de doce meses después de haber tomado conocimiento del mismo, presentará al Presidente del Comité un informe para su transmisión a los Estados Partes interesados:

a) Si la Comisión no puede completar su examen del asunto dentro de los doce meses, limitará su informe a una breve exposición de la situación en que se halle su examen del asunto;

b) Si se alcanza una solución amistosa del asunto basada en el respeto a los derechos humanos reconocidos en el presente Pacto, la Comisión limitará su informe a una breve exposición de los hechos y de la solución alcanzada;

c) Si no se alcanza una solución en el sentido del inciso b, el informe de la Comisión incluirá sus conclusiones sobre todas las cuestiones de hecho pertinentes al asunto planteado entre los Estados Partes interesados, y sus observaciones acerca de las posibilidades de solución amistosa del asunto; dicho informe contendrá también las exposiciones escritas y una reseña de las exposiciones orales hechas por los Estados Partes interesados;

d) Si el informe de la Comisión se presenta en virtud del inciso c, los Estados Partes interesados notificarán al Presidente del Comité, dentro de los tres meses siguientes a la recepción del informe, si aceptan o no los términos del informe de la Comisión.

8. Las disposiciones de este artículo no afectan a las funciones del Comité previstas en el artículo 41.

9. Los Estados Partes interesados compartirán por igual todos los gastos de los miembros de la Comisión, de acuerdo con el cálculo que haga el Secretario General de las Naciones Unidas.

10. El Secretario General de las Naciones Unidas podrá sufragar, en caso necesario, los gastos de los miembros de la Comisión, antes de que los Estados Partes interesados reembolsen esos gastos conforme al párrafo 9 del presente artículo.

Artículo 43

Los miembros del Comité y los miembros de las comisiones especiales de conciliación designados conforme al artículo 42 tendrán derecho a las facilidades, privilegios e inmunidades que se conceden a los expertos que desempeñen misiones para las Naciones Unidas, con arreglo a lo dispuesto en las secciones pertinentes de la Convención sobre los privilegios e inmunidades de las Naciones Unidas.

Artículo 44

Las disposiciones de la aplicación del presente Pacto se aplicarán sin perjuicio de los procedimientos previstos en materia de derechos humanos por los instrumentos constitutivos y las convenciones de las Naciones Unidas y de los organismos especializados o en virtud de los mismos, y no impedirán que los Estados Partes recurran a otros procedimientos para resolver una controversia, de conformidad con convenios internacionales generales o especiales vigentes entre ellos.

Artículo 45

El Comité presentará a la Asamblea General de las Naciones Unidas, por conducto del Consejo Económico y Social, un informe anual sobre sus actividades.

Parte V

Artículo 46

Ninguna disposición del presente Pacto deberá interpretarse en menoscabo de las disposiciones de la Carta de las Naciones Unidas o de las constituciones de los organismos especializados que definen las atribuciones de los diversos órganos de las Naciones Unidas y de los organismos especializados en cuanto a las materias a que se refiere el presente Pacto.

Artículo 47

Ninguna disposición del presente Pacto deberá interpretarse en menoscabo del derecho inherente de todos los pueblos a disfrutar y utilizar plena y libremente sus riquezas y recursos naturales.

Parte VI

Artículo 48

1. El presente Pacto estará abierto a la firma de todos los Estados Miembros de las Naciones Unidas o miembros de algún organismo especializado, así como de todo Estado Parte en el Estatuto de la Corte Internacional de Justicia y de cualquier otro Estado invitado por la Asamblea General de las Naciones Unidas a ser parte en el presente Pacto.
2. El presente Pacto está sujeto a ratificación. Los instrumentos de ratificación se depositarán en poder del Secretario General de las Naciones Unidas.
3. El presente Pacto quedará abierto a la adhesión de cualquiera de los Estados mencionados en el párrafo 1 del presente artículo.
4. La adhesión se efectuará mediante el depósito de un instrumento de adhesión en poder del Secretario General de las Naciones Unidas.
5. El Secretario General de las Naciones Unidas informará a todos los Estados que hayan firmado el presente Pacto, o se hayan adherido a él, del depósito de cada uno de los instrumentos de ratificación o de adhesión.

Artículo 49

1. El presente Pacto entrará en vigor transcurridos tres meses a partir de la fecha en que haya sido depositado el trigésimo quinto instrumento de ratificación o de adhesión en poder del Secretario General de las Naciones Unidas.

2. Para cada Estado que ratifique el presente Pacto o se adhiera a él después de haber sido depositado el trigésimo quinto instrumento de ratificación o de adhesión, el Pacto entrará en vigor transcurridos tres meses a partir de la fecha en que tal Estado haya depositado su instrumento de ratificación o de adhesión.

Artículo 50

Las disposiciones del presente Pacto serán aplicables a todas las partes componentes de los Estados federales, sin limitación ni excepción alguna.

Artículo 51

1. Todo Estado Parte en el presente Pacto podrá proponer enmiendas y depositarlas en poder del Secretario General de las Naciones Unidas. El Secretario General comunicará las enmiendas propuestas a los Estados Partes en el presente Pacto, pidiéndoles que le notifiquen si desean que se convoque a una conferencia de Estados Partes con el fin de examinar las propuestas y someterlas a votación. Si un tercio al menos de los Estados se declara en favor de tal convocatoria, el Secretario General convocará una conferencia bajo los auspicios de las Naciones Unidas. Toda enmienda adoptada por la mayoría de los Estados presentes y votantes en la conferencia se someterá a la aprobación de la Asamblea General de las Naciones Unidas.

2. Tales enmiendas entrarán en vigor cuando hayan sido aprobadas por la Asamblea General de las Naciones Unidas y aceptadas por una mayoría de dos tercios de los Estados Partes en el presente Pacto, de conformidad con sus respectivos procedimientos constitucionales.

3. Cuando tales enmiendas entren en vigor, serán obligatorias para los Estados Partes que las hayan aceptado, en tanto que los demás Estados Partes seguirán obligados por las disposiciones del presente Pacto y por toda enmienda anterior que hayan aceptado.

Artículo 52

Independientemente de las notificaciones previstas en el párrafo 5 del artículo 48, el Secretario General de las Naciones Unidas comunicará todos los Estados mencionados en el párrafo 1 del mismo artículo:

a) Las firmas, ratificaciones y adhesiones conformes con lo dispuesto en el artículo 48;

b) La fecha en que entre en vigor el presente Pacto conforme a lo dispuesto en el artículo 49, y la fecha en que entren en vigor las enmiendas a que hace referencia el artículo 51.

Artículo 53

1. El presente Pacto, cuyos textos en chino, español, francés, inglés y ruso son igualmente auténticos, será depositado en los archivos de las Naciones Unidas.

2. El Secretario General de las Naciones Unidas enviará copias certificadas del presente Pacto a todos los Estados mencionados en el artículo 48.

Pacto Internacional de Derechos Económicos, Sociales y Culturales

Adoptado y abierto a la firma, ratificación y adhesión por la Asamblea General en su resolución 2200 A (XXI), de 16 de diciembre de 1966

Entrada en vigor: 3 de enero de 1976, de conformidad con el artículo 27

Preámbulo

Los Estados partes en el presente Pacto,

Considerando que, conforme a los principios enunciados en la Carta de las Naciones Unidas, la libertad, la justicia y la paz en el mundo tienen por base el reconocimiento de la dignidad inherente a todos los miembros de la familia humana y de sus derechos iguales e inalienables,

Reconociendo que estos derechos se desprenden de la dignidad inherente a la persona humana,

Reconociendo que, con arreglo a la Declaración Universal de Derechos Humanos, no puede realizarse el ideal del ser humano libre, liberado del temor y de la miseria, a menos que se creen condiciones que permitan a cada persona gozar de sus derechos económicos, sociales y culturales, tanto como de sus derechos civiles y políticos,

Considerando que la Carta de las Naciones Unidas impone a los Estados la obligación de promover el respeto universal y efectivo de los derechos y libertades humanos,

Comprendiendo que el individuo, por tener deberes respecto de otros individuos y de la comunidad a que pertenece, está obligado a procurar la vigencia y observancia de los derechos reconocidos en este Pacto,

Convienen en los artículos siguientes:

Parte I

Artículo 1

1. Todos los pueblos tienen el derecho de libre determinación. En virtud de este derecho establecen libremente su condición política y proveen asimismo a su desarrollo económico, social y cultural.

2. Para el logro de sus fines, todos los pueblos pueden disponer libremente de sus riquezas y recursos naturales, sin perjuicio de las obligaciones que derivan de la cooperación económica internacional basada en el principio de beneficio recíproco, así como del derecho internacional. En ningún caso podrá privarse a un pueblo de sus propios medios de subsistencia.

3. Los Estados Partes en el presente Pacto, incluso los que tienen la responsabilidad de administrar territorios no autónomos y territorios en fideicomiso, promoverán el ejercicio del derecho de libre determinación, y respetarán este derecho de conformidad con las disposiciones de la Carta de las Naciones Unidas.

Parte II

Artículo 2

1. Cada uno de los Estados Partes en el presente Pacto se compromete a adoptar medidas, tanto por separado como mediante la asistencia y la cooperación internacionales, especialmente económicas y técnicas, hasta el máximo de los recursos de que disponga, para lograr progresivamente, por todos los medios apropiados, inclusive en particular la adopción de medidas legislativas, la plena efectividad de los derechos aquí reconocidos.

2. Los Estados Partes en el presente Pacto se comprometen a garantizar el ejercicio de los derechos que en él se enuncian, sin discriminación alguna por motivos de raza, color, sexo, idioma, religión, opinión política o de otra índole, origen nacional o social, posición económica, nacimiento o cualquier otra condición social.

3. Los países en desarrollo, teniendo debidamente en cuenta los derechos humanos y su economía nacional, podrán determinar en qué medida garantizarán los derechos económicos reconocidos en el presente Pacto a personas que no sean nacionales suyos.

Artículo 3

Los Estados Partes en el presente Pacto se comprometen a asegurar a los hombres y a las mujeres igual título a gozar de todos los derechos económicos, sociales y culturales enunciados en el presente Pacto.

Artículo 4

Los Estados Partes en el presente Pacto reconocen que, en ejercicio de los derechos garantizados conforme al presente Pacto por el Estado, éste podrá someter tales derechos únicamente a limitaciones determinadas por ley, sólo en la medida compatible con la naturaleza de esos derechos y con el exclusivo objeto de promover el bienestar general en una sociedad democrática.

Artículo 5

1. Ninguna disposición del presente Pacto podrá ser interpretada en el sentido de reconocer derecho alguno a un Estado, grupo o individuo para emprender actividades o realizar actos encaminados a la destrucción de cualquiera de los derechos o libertades reconocidos en el Pacto, o a su limitación en medida mayor que la prevista en él.

2. No podrá admitirse restricción o menoscabo de ninguno de los derechos humanos fundamentales reconocidos o vigentes en un país en virtud de leyes, convenciones, reglamentos o costumbres, a pretexto de que el presente Pacto no los reconoce o los reconoce en menor grado.

Parte III

Artículo 6

1. Los Estados Partes en el presente Pacto reconocen el derecho a trabajar, que comprende el derecho de toda persona a tener la oportunidad de ganarse la vida mediante un trabajo libremente escogido o aceptado, y tomarán medidas adecuadas para garantizar este derecho.

2. Entre las medidas que habrá de adoptar cada uno de los Estados Partes en el presente Pacto para lograr la plena efectividad de este derecho deberá figurar la orientación y formación técnico-profesional, la preparación de programas, normas y técnicas encaminadas a conseguir un desarrollo económico, social y cultural constante y la ocupación plena y productiva, en condiciones que garanticen las libertades políticas y económicas fundamentales de la persona humana.

Artículo 7

Los Estados Partes en el presente Pacto reconocen el derecho de toda persona al goce de condiciones de trabajo equitativas y satisfactorias que le aseguren en especial:

a) Una remuneración que proporcione como mínimo a todos los trabajadores:

i) Un salario equitativo e igual por trabajo de igual valor, sin distinciones de ninguna especie; en particular, debe asegurarse a las mujeres condiciones de trabajo no inferiores a las de los hombres, con salario igual por trabajo igual;

ii) Condiciones de existencia dignas para ellos y para sus familias conforme a las disposiciones del presente Pacto;

b) La seguridad y la higiene en el trabajo;

c) Igual oportunidad para todos de ser promovidos, dentro de su trabajo, a la categoría superior que les corresponda, sin más consideraciones que los factores de tiempo de servicio y capacidad;

d) El descanso, el disfrute del tiempo libre, la limitación razonable de las horas de trabajo y las vacaciones periódicas pagadas, así como la remuneración de los días festivos.

Artículo 8

1. Los Estados Partes en el presente Pacto se comprometen a garantizar:

a) El derecho de toda persona a fundar sindicatos y a afiliarse al de su elección, con sujeción únicamente a los estatutos de la organización correspondiente, para promover y proteger sus intereses económicos y sociales. No podrán imponerse otras restricciones al ejercicio de este derecho que las que prescriba la ley y que sean necesarias en una sociedad democrática en interés de la seguridad nacional o del orden público, o para la protección de los derechos y libertades ajenos;

b) El derecho de los sindicatos a formar federaciones o confederaciones nacionales y el de éstas a fundar organizaciones sindicales internacionales o a afiliarse a las mismas;

c) El derecho de los sindicatos a funcionar sin obstáculos y sin otras limitaciones que las que prescriba la ley y que sean necesarias en una sociedad democrática en interés de la seguridad nacional o del orden público, o para la protección de los derechos y libertades ajenos;

d) El derecho de huelga, ejercido de conformidad con las leyes de cada país.

2. El presente artículo no impedirá someter a restricciones legales el ejercicio de tales derechos por los miembros de las fuerzas armadas, de la policía o de la administración del Estado.

3. Nada de lo dispuesto en este artículo autorizará a los Estados Partes en el Convenio de la Organización Internacional del Trabajo de 1948 relativo a la libertad sindical y a la protección del derecho de sindicación a adoptar

medidas legislativas que menoscaben las garantías previstas en dicho Convenio o a aplicar la ley en forma que menoscabe dichas garantías.

Artículo 9

Los Estados Partes en el presente Pacto reconocen el derecho de toda persona a la seguridad social, incluso al seguro social.

Artículo 10

Los Estados Partes en el presente Pacto reconocen que:

1. Se debe conceder a la familia, que es el elemento natural y fundamental de la sociedad, la más amplia protección y asistencia posibles, especialmente para su constitución y mientras sea responsable del cuidado y la educación de los hijos a su cargo. El matrimonio debe contraerse con el libre consentimiento de los futuros cónyuges.

2. Se debe conceder especial protección a las madres durante un período de tiempo razonable antes y después del parto. Durante dicho período, a las madres que trabajen se les debe conceder licencia con remuneración o con prestaciones adecuadas de seguridad social.

3. Se deben adoptar medidas especiales de protección y asistencia en favor de todos los niños y adolescentes, sin discriminación alguna por razón de filiación o cualquier otra condición. Debe protegerse a los niños y adolescentes contra la explotación económica y social. Su empleo en trabajos nocivos para su moral y salud, o en los cuales peligre su vida o se corra el riesgo de perjudicar su desarrollo normal, será sancionado por la ley. Los Estados deben establecer también límites de edad por debajo de los cuales quede prohibido y sancionado por la ley el empleo a sueldo de mano de obra infantil.

Artículo 11

1. Los Estados Partes en el presente Pacto reconocen el derecho de toda persona a un nivel de vida adecuado para sí y su familia, incluso alimentación, vestido y vivienda adecuados, y a una mejora continua de las condiciones de existencia. Los Estados Partes tomarán medidas apropiadas para asegurar la efectividad de este derecho, reconociendo a este efecto la importancia esencial de la cooperación internacional fundada en el libre consentimiento.

2. Los Estados Partes en el presente Pacto, reconociendo el derecho fundamental de toda persona a estar protegida contra el hambre, adoptarán, individualmente y mediante la cooperación internacional, las medidas, incluidos los programas concretos, que se necesitan para:

a) Mejorar los métodos de producción, conservación y distribución de alimentos mediante la plena utilización de los conocimientos técnicos y científicos, la divulgación de principios sobre nutrición y el perfeccionamiento o la reforma de los regímenes agrarios de modo que se logren la explotación y la utilización más eficaces de las riquezas naturales;

b) Asegurar una distribución equitativa de los alimentos mundiales en relación con las necesidades, teniendo en cuenta los problemas que se plantean tanto a los países que importan productos alimenticios como a los que los exportan.

Artículo 12

1. Los Estados Partes en el presente Pacto reconocen el derecho de toda persona al disfrute del más alto nivel posible de salud física y mental.

2. Entre las medidas que deberán adoptar los Estados Partes en el Pacto a fin de asegurar la plena efectividad de este derecho, figurarán las necesarias para:

a) La reducción de la mortinatalidad y de la mortalidad infantil, y el sano desarrollo de los niños;

b) El mejoramiento en todos sus aspectos de la higiene del trabajo y del medio ambiente;

c) La prevención y el tratamiento de las enfermedades epidémicas, endémicas, profesionales y de otra índole, y la lucha contra ellas;

d) La creación de condiciones que aseguren a todos asistencia médica y servicios médicos en caso de enfermedad.

Artículo 13

1. Los Estados Partes en el presente Pacto reconocen el derecho de toda persona a la educación. Convienen en que la educación debe orientarse hacia el pleno desarrollo de la personalidad humana y del sentido de su dignidad, y debe fortalecer el respeto por los derechos humanos y las libertades fundamentales. Convienen asimismo en que la educación debe capacitar a todas las personas para participar efectivamente en una sociedad libre, favorecer la comprensión, la tolerancia y la amistad entre todas las naciones y entre todos los grupos raciales, étnicos o religiosos, y promover las actividades de las Naciones Unidas en pro del mantenimiento de la paz.

2. Los Estados Partes en el presente Pacto reconocen que, con objeto de lograr el pleno ejercicio de este derecho:

a) La enseñanza primaria debe ser obligatoria y asequible a todos gratuitamente;

b) La enseñanza secundaria, en sus diferentes formas, incluso la enseñanza secundaria técnica y profesional, debe ser generalizada y hacerse accesible a todos, por cuantos medios sean apropiados, y en particular por la implantación progresiva de la enseñanza gratuita;

c) La enseñanza superior debe hacerse igualmente accesible a todos, sobre la base de la capacidad de cada uno, por cuantos medios sean apropiados, y en particular por la implantación progresiva de la enseñanza gratuita;

d) Debe fomentarse o intensificarse, en la medida de lo posible, la educación fundamental para aquellas personas que no hayan recibido o terminado el ciclo completo de instrucción primaria;

e) Se debe proseguir activamente el desarrollo del sistema escolar en todos los ciclos de la enseñanza, implantar un sistema adecuado de becas, y mejorar continuamente las condiciones materiales del cuerpo docente.

3. Los Estados Partes en el presente Pacto se comprometen a respetar la libertad de los padres y, en su caso, de los tutores legales, de escoger para sus hijos o pupilos escuelas distintas de las creadas por las autoridades públicas, siempre que aquéllas satisfagan las normas mínimas que el Estado prescriba o apruebe en materia de enseñanza, y de hacer que sus hijos o pupilos reciban la educación religiosa o moral que esté de acuerdo con sus propias convicciones.

4. Nada de lo dispuesto en este artículo se interpretará como una restricción de la libertad de los particulares y entidades para establecer y dirigir instituciones de enseñanza, a condición de que se respeten los principios enunciados en el párrafo 1 y de que la educación dada en esas instituciones se ajuste a las normas mínimas que prescriba el Estado.

Artículo 14

Todo Estado Parte en el presente Pacto que, en el momento de hacerse parte en él, aún no haya podido instituir en su territorio metropolitano o en otros territorios sometidos a su jurisdicción la obligatoriedad y la gratuidad de la enseñanza primaria, se compromete a elaborar y adoptar, dentro de un plazo de dos años, un plan detallado de acción para la aplicación progresiva, dentro de un número razonable de años fijado en el plan, del principio de la enseñanza obligatoria y gratuita para todos.

Artículo 15

1. Los Estados Partes en el presente Pacto reconocen el derecho de toda persona a:

a) Participar en la vida cultural;

b) Gozar de los beneficios del progreso científico y de sus aplicaciones;

c) Beneficiarse de la protección de los intereses morales y materiales que le correspondan por razón de las producciones científicas, literarias o artísticas de que sea autora.

2. Entre las medidas que los Estados Partes en el presente Pacto deberán adoptar para asegurar el pleno ejercicio de este derecho, figurarán las necesarias para la conservación, el desarrollo y la difusión de la ciencia y de la cultura.

3. Los Estados Partes en el presente Pacto se comprometen a respetar la indispensable libertad para la investigación científica y para la actividad creadora.

4. Los Estados Partes en el presente Pacto reconocen los beneficios que derivan del fomento y desarrollo de la cooperación y de las relaciones internacionales en cuestiones científicas y culturales.

Parte IV

Artículo 16

1. Los Estados Partes en el presente Pacto se comprometen a presentar, en conformidad con esta parte del Pacto, informes sobre las medidas que hayan adoptado, y los progresos realizados, con el fin de asegurar el respeto a los derechos reconocidos en el mismo.

2. a) Todos los informes serán presentados al Secretario General de las Naciones Unidas, quien transmitirá copias al Consejo Económico y Social para que las examine conforme a lo dispuesto en el presente Pacto;

b) El Secretario General de las Naciones Unidas transmitirá también a los organismos especializados copias de los informes, o de las partes pertinentes de éstos, enviados por los Estados Partes en el presente Pacto que además sean miembros de estos organismos especializados, en la medida en que tales informes o partes de ellos tengan relación con materias que sean de la competencia de dichos organismos conforme a sus instrumentos constitutivos.

Artículo 17

1. Los Estados Partes en el presente Pacto presentarán sus informes por etapas, con arreglo al programa que establecerá el Consejo Económico y Social en el plazo de un año desde la entrada en vigor del presente Pacto, previa consulta con los Estados Partes y con los organismos especializados interesados.

2. Los informes podrán señalar las circunstancias y dificultades que afecten el grado de cumplimiento de las obligaciones previstas en este Pacto.

3. Cuando la información pertinente hubiera sido ya proporcionada a las Naciones Unidas o a algún organismo especializado por un Estado Parte, no será necesario repetir dicha información, sino que bastará hacer referencia concreta a la misma.

Artículo 18

En virtud de las atribuciones que la Carta de las Naciones Unidas le confiere en materia de derechos humanos y libertades fundamentales, el Consejo Económico y Social podrá concluir acuerdos con los organismos especializados sobre la presentación por tales organismos de informes relativos al cumplimiento de las disposiciones de este Pacto que corresponden a su campo de actividades. Estos informes podrán contener detalles sobre las decisiones y recomendaciones que en relación con ese cumplimiento hayan aprobado los órganos competentes de dichos organismos.

Artículo 19

El Consejo Económico y Social podrá transmitir a la Comisión de Derechos Humanos, para su estudio y recomendación de carácter general, o para información, según proceda, los informes sobre derechos humanos que presenten a los Estados conforme a los artículos 16 y 17, y los informes relativos a los derechos humanos que presenten los organismos especializados conforme al artículo 18.

Artículo 20

Los Estados Partes en el presente Pacto y los organismos especializados interesados podrán presentar al Consejo Económico y Social observaciones sobre toda recomendación de carácter general hecha en virtud del artículo 19 o toda referencia a tal recomendación general que conste en un informe de la Comisión de Derechos Humanos o en un documento allí mencionado.

Artículo 21

El Consejo Económico y Social podrá presentar de vez en cuando a la Asamblea General informes que contengan recomendaciones de carácter general, así como un resumen de la información recibida de los Estados Partes en el presente Pacto y de los organismos especializados acerca de las medidas adoptadas y los progresos realizados para lograr el respeto general de los derechos reconocidos en el presente Pacto.

Artículo 22

El Consejo Económico y Social podrá señalar a la atención de otros órganos de las Naciones Unidas, sus órganos subsidiarios y los organismos especializados interesados que se ocupen de prestar asistencia técnica, toda cuestión surgida de los informes a que se refiere esta parte del Pacto que pueda servir para que dichas entidades se pronuncien, cada una dentro de su esfera de competencia, sobre la conveniencia de las medidas internacionales que puedan contribuir a la aplicación efectiva y progresiva del presente Pacto.

Artículo 23

Los Estados Partes en el presente Pacto convienen en que las medidas de orden internacional destinadas a asegurar el respeto de los derechos que se reconocen en el presente Pacto comprenden procedimientos tales como la conclusión de convenciones, la aprobación de recomendaciones, la prestación de asistencia técnica y la celebración de reuniones regionales y técnicas, para efectuar consultas y realizar estudios, organizadas en cooperación con los gobiernos interesados.

Artículo 24

Ninguna disposición del presente Pacto deberá interpretarse en menoscabo de las disposiciones de la Carta de las Naciones Unidas o de las constituciones de los organismos especializados que definen las atribuciones de los diversos órganos de las Naciones Unidas y de los organismos especializados en cuanto a las materias a que se refiere el Pacto.

Artículo 25

Ninguna disposición del presente Pacto deberá interpretarse en menoscabo del derecho inherente de todos los pueblos a disfrutar y utilizar plena y libremente sus riquezas y recursos naturales.

Parte V

Artículo 26

1. El presente Pacto estará abierto a la firma de todos los Estados Miembros de las Naciones Unidas o miembros de algún organismo especializado, así como de todo Estado Parte en el Estatuto de la Corte Internacional de Justicia y de cualquier otro Estado invitado por la Asamblea General de las Naciones Unidas a ser parte en el presente Pacto.

2. El presente Pacto está sujeto a ratificación. Los instrumentos de ratificación se depositarán en poder del Secretario General de las Naciones Unidas.

3. El presente Pacto quedará abierto a la adhesión de cualquiera de los Estados mencionados en el párrafo 1 del presente artículo.

4. La adhesión se efectuará mediante el depósito de un instrumento de adhesión en poder del Secretario General de las Naciones Unidas.

5. El Secretario General de las Naciones Unidas informará a todos los Estados que hayan firmado el presente Pacto, o se hayan adherido a él, del depósito de cada uno de los instrumentos de ratificación o de adhesión.

Artículo 27

1. El presente Pacto entrará en vigor transcurridos tres meses a partir de la fecha en que haya sido depositado el trigésimo quinto instrumento de ratificación o de adhesión en poder del Secretario General de las Naciones Unidas.

2. Para cada Estado que ratifique el presente Pacto o se adhiera a él después de haber sido depositado el trigésimo quinto instrumento de ratificación o de adhesión, el Pacto entrará en vigor transcurridos tres meses a partir de la fecha en que tal Estado haya depositado su instrumento de ratificación o de adhesión.

Artículo 28

Las disposiciones del presente Pacto serán aplicables a todas las partes componentes de los Estados federales, sin limitación ni excepción alguna.

Artículo 29

1. Todo Estado Parte en el presente Pacto podrá proponer enmiendas y depositarlas en poder del Secretario General de las Naciones Unidas. El Secretario General comunicará las enmiendas propuestas a los Estados Partes en el presente Pacto, pidiéndoles que le notifiquen si desean que se convoque una conferencia de Estados Partes con el fin de examinar las propuestas y

someterlas a votación. Si un tercio al menos de los Estados se declara en favor de tal convocatoria, el Secretario General convocará una conferencia bajo los auspicios de las Naciones Unidas. Toda enmienda adoptada por la mayoría de Estados presentes y votantes en la conferencia se someterá a la aprobación de la Asamblea General de las Naciones Unidas.

2. Tales enmiendas entrarán en vigor cuando hayan sido aprobadas por la Asamblea General de las Naciones Unidas y aceptadas por una mayoría de dos tercios de los Estados Partes en el presente Pacto, de conformidad con sus respectivos procedimientos constitucionales.

3. Cuando tales enmiendas entren en vigor serán obligatorias para los Estados Partes que las hayan aceptado, en tanto que los demás Estados Partes seguirán obligados por las disposiciones del presente Pacto y por toda enmienda anterior que hayan aceptado.

Artículo 30

Independientemente de las notificaciones previstas en el párrafo 5 del artículo 26, el Secretario General de las Naciones Unidas comunicará a todos los Estados mencionados en el párrafo 1 del mismo artículo:

a) Las firmas, ratificaciones y adhesiones conformes con lo dispuesto en el artículo 26;

b) La fecha en que entre en vigor el presente Pacto conforme a lo dispuesto en el artículo 27, y la fecha en que entren en vigor las enmiendas a que hace referencia el artículo 29.

Artículo 31

1. El presente Pacto, cuyos textos en chino, español, francés, inglés y ruso son igualmente auténticos, será depositado en los archivos de las Naciones Unidas.

2. El Secretario General de las Naciones Unidas enviará copias certificadas del presente Pacto a todos los Estados mencionados en el artículo 26.

Convención de los derechos del niño

Adoptada y abierta a la firma y ratificación por la Asamblea General en su resolución 44/25, de 20 de noviembre de 1989

Entrada en vigor: 2 de septiembre de 1990, de conformidad con el artículo 49

Preámbulo

Los Estados Partes en la presente Convención,

Considerando que, de conformidad con los principios proclamados en la Carta de las Naciones Unidas, la libertad, la justicia y la paz en el mundo se basan en el reconocimiento de la dignidad intrínseca y de los derechos iguales e inalienables de todos los miembros de la familia humana,

Teniendo presente que los pueblos de las Naciones Unidas han reafirmado en la Carta su fe en los derechos fundamentales del hombre y en la dignidad y el valor de la persona humana, y que han decidido promover el progreso social y elevar el nivel de vida dentro de un concepto más amplio de la libertad,

Reconociendo que las Naciones Unidas han proclamado y acordado en la Declaración Universal de Derechos Humanos y en los pactos internacionales de derechos humanos, que toda persona tiene todos los derechos y libertades enunciados en ellos, sin distinción alguna, por motivos de raza, color, sexo, idioma, religión, opinión política o de otra índole, origen nacional o social, posición económica, nacimiento o cualquier otra condición,

Recordando que en la Declaración Universal de Derechos Humanos las Naciones Unidas proclamaron que la infancia tiene derecho a cuidados y asistencia especiales,

Convencidos de que la familia, como grupo fundamental de la sociedad y medio natural para el crecimiento y el bienestar de todos sus miembros, y en particular de los niños, debe recibir la protección y asistencia necesarias para poder asumir plenamente sus responsabilidades dentro de la comunidad,

Reconociendo que el niño, para el pleno y armonioso desarrollo de su personalidad, debe crecer en el seno de la familia, en un ambiente de felicidad, amor y comprensión,

Considerando que el niño debe estar plenamente preparado para una vida independiente en sociedad y ser educado en el espíritu de los ideales proclamados en la Carta de las Naciones Unidas y, en particular, en un espíritu de paz, dignidad, tolerancia, libertad, igualdad y solidaridad,

Teniendo presente que la necesidad de proporcionar al niño una protección especial ha sido enunciada en la Declaración de Ginebra de 1924 sobre los Derechos del Niño y en la Declaración de los Derechos del Niño adoptada por la Asamblea General el 20 de noviembre de 1959, y reconocida en la Declaración Universal de Derechos Humanos, en el Pacto Internacional de Derechos Civiles y Políticos (en particular, en los artículos 23 y 24), en el Pacto Internacional de Derechos Económicos, Sociales y Culturales (en particular, en el artículo 10) y en los estatutos e instrumentos pertinentes de los organismos especializados y de las organizaciones internacionales que se interesan en el bienestar del niño,

Teniendo presente que, como se indica en la Declaración de los Derechos del Niño, «el niño, por su falta de madurez física y mental, necesita protección y cuidado especiales, incluso la debida protección legal, tanto antes como después del nacimiento»,

Recordando lo dispuesto en la Declaración sobre los principios sociales y jurídicos relativos a la protección y el bienestar de los niños, con particular referencia a la adopción y la colocación en hogares de guarda, en los planos nacional e internacional; las Reglas mínimas de las Naciones Unidas para la administración de la justicia de menores (Reglas de Beijing); y la Declaración sobre la protección de la mujer y el niño en estados de emergencia o de conflicto armado,

Reconociendo que en todos los países del mundo hay niños que viven en condiciones excepcionalmente difíciles y que esos niños necesitan especial consideración,

Teniendo debidamente en cuenta la importancia de las tradiciones y los valores culturales de cada pueblo para la protección y el desarrollo armonioso del niño,

Reconociendo la importancia de la cooperación internacional para el mejoramiento de las condiciones de vida de los niños en todos los países, en particular en los países en desarrollo,

Han convenido en lo siguiente:

Parte I

Artículo 1

Para los efectos de la presente Convención, se entiende por niño todo ser humano menor de dieciocho años de edad, salvo que, en virtud de la ley que le sea aplicable, haya alcanzado antes la mayoría de edad.

Artículo 2

1. Los Estados Partes respetarán los derechos enunciados en la presente Convención y asegurarán su aplicación a cada niño sujeto a su jurisdicción, sin distinción alguna, independientemente de la raza, el color, el sexo, el idioma, la religión, la opinión política o de otra índole, el origen nacional, étnico o social, la posición económica, los impedimentos físicos, el nacimiento o cualquier otra condición del niño, de sus padres o de sus representantes legales.

2. Los Estados Partes tomarán todas las medidas apropiadas para garantizar que el niño se vea protegido contra toda forma de discriminación o castigo por causa de la condición, las actividades, las opiniones expresadas o las creencias de sus padres, o sus tutores o de sus familiares.

Artículo 3

1. En todas las medidas concernientes a los niños que tomen las instituciones públicas o privadas de bienestar social, los tribunales, las autoridades administrativas o los órganos legislativos, una consideración primordial a que se atenderá será el interés superior del niño.

2. Los Estados Partes se comprometen a asegurar al niño la protección y el cuidado que sean necesarios para su bienestar, teniendo en cuenta los derechos y deberes de sus padres, tutores u otras personas responsables de él ante la ley y, con ese fin, tomarán todas las medidas legislativas y administrativas adecuadas.

3. Los Estados Partes se asegurarán de que las instituciones, servicios y establecimientos encargados del cuidado o la protección de los niños cumplan las normas establecidas por las autoridades competentes, especialmente en materia de seguridad, sanidad, número y competencia de su personal, así como en relación con la existencia de una supervisión adecuada.

Artículo 4

Los Estados Partes adoptarán todas las medidas administrativas, legislativas y de otra índole para dar efectividad a los derechos reconocidos en la presente Convención. En lo que respecta a los derechos económicos, sociales y culturales, los Estados Partes adoptarán esas medidas hasta el máximo de los recursos de que dispongan y, cuando sea necesario, dentro del marco de la cooperación internacional.

Artículo 5

Los Estados Partes respetarán las responsabilidades, los derechos y los deberes de los padres o, en su caso, de los miembros de la familia ampliada o de la comunidad, según establezca la costumbre local, de los tutores u otras personas encargadas legalmente del niño de impartirle, en consonancia con la evolución de sus facultades, dirección y orientación apropiadas para que el niño ejerza los derechos reconocidos en la presente Convención.

Artículo 6

1. Los Estados Partes reconocen que todo niño tiene el derecho intrínseco a la vida.

2. Los Estados Partes garantizarán en la máxima medida posible la supervivencia y el desarrollo del niño.

Artículo 7

1. El niño será inscripto inmediatamente después de su nacimiento y tendrá derecho desde que nace a un nombre, a adquirir una nacionalidad y, en la medida de lo posible, a conocer a sus padres y a ser cuidado por ellos.

2. Los Estados Partes velarán por la aplicación de estos derechos de conformidad con su legislación nacional y las obligaciones que hayan contraído en virtud de los instrumentos internacionales pertinentes en esta esfera, sobre todo cuando el niño resultara de otro modo apátrida.

Artículo 8

1. Los Estados Partes se comprometen a respetar el derecho del niño a preservar su identidad, incluidos la nacionalidad, el nombre y las relaciones familiares de conformidad con la ley sin injerencias ilícitas.

2. Cuando un niño sea privado ilegalmente de algunos de los elementos de su identidad o de todos ellos, los Estados Partes deberán prestar la asistencia y protección apropiadas con miras a restablecer rápidamente su identidad.

Artículo 9

1. Los Estados Partes velarán por que el niño no sea separado de sus padres contra la voluntad de éstos, excepto cuando, a reserva de revisión judicial, las autoridades competentes determinen, de conformidad con la ley y los procedimientos aplicables, que tal separación es necesaria en el interés superior del niño. Tal determinación puede ser necesaria en casos particulares, por ejemplo, en los casos en que el niño sea objeto de maltrato o descuido por parte de sus padres o cuando éstos viven separados y debe adoptarse una decisión acerca del lugar de residencia del niño.

2. En cualquier procedimiento entablado de conformidad con el párrafo 1 del presente artículo, se ofrecerá a todas las partes interesadas la oportunidad de participar en él y de dar a conocer sus opiniones.

3. Los Estados Partes respetarán el derecho del niño que esté separado de uno o de ambos padres a mantener relaciones personales y contacto directo con ambos padres de modo regular, salvo si ello es contrario al interés superior del niño.

4. Cuando esa separación sea resultado de una medida adoptada por un Estado Parte, como la detención, el encarcelamiento, el exilio, la deportación o la muerte (incluido el fallecimiento debido a cualquier causa mientras la persona esté bajo la custodia del Estado) de uno de los padres del niño, o de ambos, o del niño, el Estado Parte proporcionará, cuando se le pida, a los padres, al niño o, si procede, a otro familiar, información básica acerca del paradero del familiar o familiares ausentes, a no ser que ello resultase perjudicial para el bienestar del niño. Los Estados Partes se cerciorarán, además, de que la presentación de tal petición no entrañe por sí misma consecuencias desfavorables para la persona o personas interesadas.

Artículo 10

1. De conformidad con la obligación que incumbe a los Estados Partes a tenor de lo dispuesto en el párrafo 1 del artículo 9, toda solicitud hecha por un niño o por sus padres para entrar en un Estado Parte o para salir de él a los efectos de la reunión de la familia será atendida por los Estados Partes de manera positiva, humanitaria y expeditiva. Los Estados Partes garantizarán, además, que la presentación de tal petición no traerá consecuencias desfavorables para los peticionarios ni para sus familiares.

2. El niño cuyos padres residan en Estados diferentes tendrá derecho a mantener periódicamente, salvo en circunstancias excepcionales, relaciones

personales y contactos directos con ambos padres. Con tal fin, y de conformidad con la obligación asumida por los Estados Partes en virtud del párrafo 1 del artículo 9, los Estados Partes respetarán el derecho del niño y de sus padres a salir de cualquier país, incluido el propio, y de entrar en su propio país. El derecho de salir de cualquier país estará sujeto solamente a las restricciones estipuladas por ley y que sean necesarias para proteger la seguridad nacional, el orden público, la salud o la moral públicas o los derechos y libertades de otras personas y que estén en consonancia con los demás derechos reconocidos por la presente Convención.

Artículo 11

1. Los Estados Partes adoptarán medidas para luchar contra los traslados ilícitos de niños al extranjero y la retención ilícita de niños en el extranjero.

2. Para este fin, los Estados Partes promoverán la concertación de acuerdos bilaterales o multilaterales o la adhesión a acuerdos existentes.

Artículo 12

1. Los Estados Partes garantizarán al niño que esté en condiciones de formarse un juicio propio el derecho de expresar su opinión libremente en todos los asuntos que afectan al niño, teniéndose debidamente en cuenta las opiniones del niño, en función de la edad y madurez del niño.

2. Con tal fin, se dará en particular al niño oportunidad de ser escuchado, en todo procedimiento judicial o administrativo que afecte al niño, ya sea directamente o por medio de un representante o de un órgano apropiado, en consonancia con las normas de procedimiento de la ley nacional.

Artículo 13

1. El niño tendrá derecho a la libertad de expresión; ese derecho incluirá la libertad de buscar, recibir y difundir informaciones e ideas de todo tipo, sin consideración de fronteras, ya sea oralmente, por escrito o impresas, en forma artística o por cualquier otro medio elegido por el niño.

2. El ejercicio de tal derecho podrá estar sujeto a ciertas restricciones, que serán únicamente las que la ley prevea y sean necesarias:

a) Para el respeto de los derechos o la reputación de los demás; o

b) Para la protección de la seguridad nacional o el orden público o para proteger la salud o la moral públicas.

Artículo 14

1. Los Estados Partes respetarán el derecho del niño a la libertad de pensamiento, de conciencia y de religión.

2. Los Estados Partes respetarán los derechos y deberes de los padres y, en su caso, de los representantes legales, de guiar al niño en el ejercicio de su derecho de modo conforme a la evolución de sus facultades.

3. La libertad de profesar la propia religión o las propias creencias estará sujeta únicamente a las limitaciones prescritas por la ley que sean necesarias para proteger la seguridad, el orden, la moral o la salud públicos o los derechos y libertades fundamentales de los demás.

Artículo 15

1. Los Estados Partes reconocen los derechos del niño a la libertad de asociación y a la libertad de celebrar reuniones pacíficas.

2. No se impondrán restricciones al ejercicio de estos derechos distintas de las establecidas de conformidad con la ley y que sean necesarias en una sociedad democrática, en interés de la seguridad nacional o pública, el orden público, la protección de la salud y la moral públicas o la protección de los derechos y libertades de los demás.

Artículo 16

1. Ningún niño será objeto de injerencias arbitrarias o ilegales en su vida privada, su familia, su domicilio o su correspondencia ni de ataques ilegales a su honra y a su reputación.

2. El niño tiene derecho a la protección de la ley contra esas injerencias o ataques.

Artículo 17

Los Estados Partes reconocen la importante función que desempeñan los medios de comunicación y velarán por que el niño tenga acceso a información y material procedentes de diversas fuentes nacionales e internacionales, en especial la información y el material que tengan por finalidad promover su bienestar social, espiritual y moral y su salud física y mental. Con tal objeto, los Estados Partes:

a) Alentarán a los medios de comunicación a difundir información y materiales de interés social y cultural para el niño, de conformidad con el espíritu del artículo 29;

b) Promoverán la cooperación internacional en la producción, el intercambio y la difusión de esa información y esos materiales procedentes de diversas fuentes culturales, nacionales e internacionales;

c) Alentarán la producción y difusión de libros para niños;

d) Alentarán a los medios de comunicación a que tengan particularmente en cuenta las necesidades lingüísticas del niño perteneciente a un grupo minoritario o que sea indígena;

e) Promoverán la elaboración de directrices apropiadas para proteger al niño contra toda información y material perjudicial para su bienestar, teniendo en cuenta las disposiciones de los artículos 13 y 18.

Artículo 18

1. Los Estados Partes pondrán el máximo empeño en garantizar el reconocimiento del principio de que ambos padres tienen obligaciones comunes en lo que respecta a la crianza y el desarrollo del niño. Incumbirá a los padres o, en su caso, a los representantes legales la responsabilidad primordial de la crianza y el desarrollo del niño. Su preocupación fundamental será el interés superior del niño.

2. A los efectos de garantizar y promover los derechos enunciados en la presente Convención, los Estados Partes prestarán la asistencia apropiada a los padres y a los representantes legales para el desempeño de sus funciones en lo que respecta a la crianza del niño y velarán por la creación de instituciones, instalaciones y servicios para el cuidado de los niños.

3. Los Estados Partes adoptarán todas las medidas apropiadas para que los niños cuyos padres trabajan tengan derecho a beneficiarse de los servicios e instalaciones de guarda de niños para los que reúnan las condiciones requeridas.

Artículo 19

1. Los Estados Partes adoptarán todas las medidas legislativas, administrativas, sociales y educativas apropiadas para proteger al niño contra toda forma de perjuicio o abuso físico o mental, descuido o trato negligente, malos tratos o explotación, incluido el abuso sexual, mientras el niño se encuentre bajo la custodia de los padres, de un representante legal o de cualquier otra persona que lo tenga a su cargo.

2. Esas medidas de protección deberían comprender, según corresponda, procedimientos eficaces para el establecimiento de programas sociales con ob-

jeto de proporcionar la asistencia necesaria al niño y a quienes cuidan de él, así como para otras formas de prevención y para la identificación, notificación, remisión a una institución, investigación, tratamiento y observación ulterior de los casos antes descritos de malos tratos al niño y, según corresponda, la intervención judicial.

Artículo 20

1. Los niños temporal o permanentemente privados de su medio familiar, o cuyo superior interés exija que no permanezcan en ese medio, tendrán derecho a la protección y asistencia especiales del Estado.

2. Los Estados Partes garantizarán, de conformidad con sus leyes nacionales, otros tipos de cuidado para esos niños.

3. Entre esos cuidados figurarán, entre otras cosas, la colocación en hogares de guarda, la kafala del derecho islámico, la adopción o de ser necesario, la colocación en instituciones adecuadas de protección de menores. Al considerar las soluciones, se prestará particular atención a la conveniencia de que haya continuidad en la educación del niño y a su origen étnico, religioso, cultural y lingüístico.

Artículo 21

Los Estados Partes que reconocen o permiten el sistema de adopción cuidarán de que el interés superior del niño sea la consideración primordial y:

a) Velarán por que la adopción del niño sólo sea autorizada por las autoridades competentes, las que determinarán, con arreglo a las leyes y a los procedimientos aplicables y sobre la base de toda la información pertinente y fidedigna, que la adopción es admisible en vista de la situación jurídica del niño en relación con sus padres, parientes y representantes legales y que, cuando así se requiera, las personas interesadas hayan dado con conocimiento de causa su consentimiento a la adopción sobre la base del asesoramiento que pueda ser necesario;

b) Reconocerán que la adopción en otro país puede ser considerada como otro medio de cuidar del niño, en el caso de que éste no pueda ser colocado en un hogar de guarda o entregado a una familia adoptiva o no pueda ser atendido de manera adecuada en el país de origen;

c) Velarán por que el niño que haya de ser adoptado en otro país goce de salvaguardias y normas equivalentes a las existentes respecto de la adopción en el país de origen;

d) Adoptarán todas las medidas apropiadas para garantizar que, en el caso de adopción en otro país, la colocación no dé lugar a beneficios financieros indebidos para quienes participan en ella;

e) Promoverán, cuando corresponda, los objetivos del presente artículo mediante la concertación de arreglos o acuerdos bilaterales o multilaterales y se esforzarán, dentro de este marco, por garantizar que la colocación del niño en otro país se efectúe por medio de las autoridades u organismos competentes.

Artículo 22

1. Los Estados Partes adoptarán medidas adecuadas para lograr que el niño que trate de obtener el estatuto de refugiado o que sea considerado refugiado de conformidad con el derecho y los procedimientos internacionales o internos aplicables reciba, tanto si está solo como si está acompañado de sus padres o de cualquier otra persona, la protección y la asistencia humanitaria adecuadas para el disfrute de los derechos pertinentes enunciados en la presente Convención y en otros instrumentos internacionales de derechos humanos o de carácter humanitario en que dichos Estados sean partes.

2. A tal efecto los Estados Partes cooperarán, en la forma que estimen apropiada, en todos los esfuerzos de las Naciones Unidas y demás organizaciones intergubernamentales competentes u organizaciones no gubernamentales que cooperen con las Naciones Unidas por proteger y ayudar a todo niño refugiado y localizar a sus padres o a otros miembros de su familia, a fin de obtener la información necesaria para que se reúna con su familia. En los casos en que no se pueda localizar a ninguno de los padres o miembros de la familia, se concederá al niño la misma protección que a cualquier otro niño privado permanente o temporalmente de su medio familiar, por cualquier motivo, como se dispone en la presente Convención.

Artículo 23

1. Los Estados Partes reconocen que el niño mental o físicamente impedido deberá disfrutar de una vida plena y decente en condiciones que aseguren su dignidad, le permitan llegar a bastarse a sí mismo y faciliten la participación activa del niño en la comunidad.

2. Los Estados Partes reconocen el derecho del niño impedido a recibir cuidados especiales y alentarán y asegurarán, con sujeción a los recursos disponibles, la prestación al niño que reúna las condiciones requeridas y a los

responsables de su cuidado de la asistencia que se solicite y que sea adecuada al estado del niño y a las circunstancias de sus padres o de otras personas que cuiden de él.

3. En atención a las necesidades especiales del niño impedido, la asistencia que se preste conforme al párrafo 2 del presente artículo será gratuita siempre que sea posible, habida cuenta de la situación económica de los padres o de las otras personas que cuiden del niño, y estará destinada a asegurar que el niño impedido tenga un acceso efectivo a la educación, la capacitación, los servicios sanitarios, los servicios de rehabilitación, la preparación para el empleo y las oportunidades de esparcimiento y reciba tales servicios con el objeto de que el niño logre la integración social y el desarrollo individual, incluido su desarrollo cultural y espiritual, en la máxima medida posible.

4. Los Estados Partes promoverán, con espíritu de cooperación internacional, el intercambio de información adecuada en la esfera de la atención sanitaria preventiva y del tratamiento médico, psicológico y funcional de los niños impedidos, incluida la difusión de información sobre los métodos de rehabilitación y los servicios de enseñanza y formación profesional, así como el acceso a esa información a fin de que los Estados Partes puedan mejorar su capacidad y conocimientos y ampliar su experiencia en estas esferas. A este respecto, se tendrán especialmente en cuenta las necesidades de los países en desarrollo.

Artículo 24

1. Los Estados Partes reconocen el derecho del niño al disfrute del más alto nivel posible de salud y a servicios para el tratamiento de las enfermedades y la rehabilitación de la salud. Los Estados Partes se esforzarán por asegurar que ningún niño sea privado de su derecho al disfrute de esos servicios sanitarios.

2. Los Estados Partes asegurarán la plena aplicación de este derecho y, en particular, adoptarán las medidas apropiadas para:

a) Reducir la mortalidad infantil y en la niñez;

b) Asegurar la prestación de la asistencia médica y la atención sanitaria que sean necesarias a todos los niños, haciendo hincapié en el desarrollo de la atención primaria de salud;

c) Combatir las enfermedades y la malnutrición en el marco de la atención primaria de la salud mediante, entre otras cosas, la aplicación de la tecnología disponible y el suministro de alimentos nutritivos adecuados y agua potable salubre, teniendo en cuenta los peligros y riesgos de contaminación del medio ambiente;

d) Asegurar atención sanitaria prenatal y postnatal apropiada a las madres;

e) Asegurar que todos los sectores de la sociedad, y en particular los padres y los niños, conozcan los principios básicos de la salud y la nutrición de los niños, las ventajas de la lactancia materna, la higiene y el saneamiento ambiental y las medidas de prevención de accidentes, tengan acceso a la educación pertinente y reciban apoyo en la aplicación de esos conocimientos;

f) Desarrollar la atención sanitaria preventiva, la orientación a los padres y la educación y servicios en materia de planificación de la familia.

3. Los Estados Partes adoptarán todas las medidas eficaces y apropiadas posibles para abolir las prácticas tradicionales que sean perjudiciales para la salud de los niños.

4. Los Estados Partes se comprometen a promover y alentar la cooperación internacional con miras a lograr progresivamente la plena realización del derecho reconocido en el presente artículo. A este respecto, se tendrán plenamente en cuenta las necesidades de los países en desarrollo.

Artículo 25

Los Estados Partes reconocen el derecho del niño que ha sido internado en un establecimiento por las autoridades competentes para los fines de atención, protección o tratamiento de su salud física o mental a un examen periódico del tratamiento a que esté sometido y de todas las demás circunstancias propias de su internación.

Artículo 26

1. Los Estados Partes reconocerán a todos los niños el derecho a beneficiarse de la seguridad social, incluso del seguro social, y adoptarán las medidas necesarias para lograr la plena realización de este derecho de conformidad con su legislación nacional.

2. Las prestaciones deberían concederse, cuando corresponda, teniendo en cuenta los recursos y la situación del niño y de las personas que sean responsables del mantenimiento del niño, así como cualquier otra consideración pertinente a una solicitud de prestaciones hecha por el niño o en su nombre.

Artículo 27

1. Los Estados Partes reconocen el derecho de todo niño a un nivel de vida adecuado para su desarrollo físico, mental, espiritual, moral y social.

2. A los padres u otras personas encargadas del niño les incumbe la responsabilidad primordial de proporcionar, dentro de sus posibilidades y medios

económicos, las condiciones de vida que sean necesarias para el desarrollo del niño.

3. Los Estados Partes, de acuerdo con las condiciones nacionales y con arreglo a sus medios, adoptarán medidas apropiadas para ayudar a los padres y a otras personas responsables por el niño a dar efectividad a este derecho y, en caso necesario, proporcionarán asistencia material y programas de apoyo, particularmente con respecto a la nutrición, el vestuario y la vivienda.

4. Los Estados Partes tomarán todas las medidas apropiadas para asegurar el pago de la pensión alimenticia por parte de los padres u otras personas que tengan la responsabilidad financiera por el niño, tanto si viven en el Estado Parte como si viven en el extranjero. En particular, cuando la persona que tenga la responsabilidad financiera por el niño resida en un Estado diferente de aquel en que resida el niño, los Estados Partes promoverán la adhesión a los convenios internacionales o la concertación de dichos convenios, así como la concertación de cualesquiera otros arreglos apropiados.

Artículo 28

1. Los Estados Partes reconocen el derecho del niño a la educación y, a fin de que se pueda ejercer progresivamente y en condiciones de igualdad de oportunidades ese derecho, deberán en particular:

a) Implantar la enseñanza primaria obligatoria y gratuita para todos;

b) Fomentar el desarrollo, en sus distintas formas, de la enseñanza secundaria, incluida la enseñanza general y profesional, hacer que todos los niños dispongan de ella y tengan acceso a ella y adoptar medidas apropiadas tales como la implantación de la enseñanza gratuita y la concesión de asistencia financiera en caso de necesidad;

c) Hacer la enseñanza superior accesible a todos, sobre la base de la capacidad, por cuantos medios sean apropiados;

d) Hacer que todos los niños dispongan de información y orientación en cuestiones educacionales y profesionales y tengan acceso a ellas;

e) Adoptar medidas para fomentar la asistencia regular a las escuelas y reducir las tasas de deserción escolar.

2. Los Estados Partes adoptarán cuantas medidas sean adecuadas para velar por que la disciplina escolar se administre de modo compatible con la dignidad humana del niño y de conformidad con la presente Convención.

3. Los Estados Partes fomentarán y alentarán la cooperación internacional en cuestiones de educación, en particular a fin de contribuir a eliminar la igno-

rancia y el analfabetismo en todo el mundo y de facilitar el acceso a los conocimientos técnicos y a los métodos modernos de enseñanza. A este respecto, se tendrán especialmente en cuenta las necesidades de los países en desarrollo.

Artículo 29

1. Los Estados Partes convienen en que la educación del niño deberá estar encaminada a:

a) Desarrollar la personalidad, las aptitudes y la capacidad mental y física del niño hasta el máximo de sus posibilidades;

b) Inculcar al niño el respeto de los derechos humanos y las libertades fundamentales y de los principios consagrados en la Carta de las Naciones Unidas;

c) Inculcar al niño el respeto de sus padres, de su propia identidad cultural, de su idioma y sus valores, de los valores nacionales del país en que vive, del país de que sea originario y de las civilizaciones distintas de la suya;

d) Preparar al niño para asumir una vida responsable en una sociedad libre, con espíritu de comprensión, paz, tolerancia, igualdad de los sexos y amistad entre todos los pueblos, grupos étnicos, nacionales y religiosos y personas de origen indígena;

e) Inculcar al niño el respeto del medio ambiente natural.

2. Nada de lo dispuesto en el presente artículo o en el artículo 28 se interpretará como una restricción de la libertad de los particulares y de las entidades para establecer y dirigir instituciones de enseñanza, a condición de que se respeten los principios enunciados en el párrafo 1 del presente artículo y de que la educación impartida en tales instituciones se ajuste a las normas mínimas que prescriba el Estado.

Artículo 30

En los Estados en que existan minorías étnicas, religiosas o lingüísticas o personas de origen indígena, no se negará a un niño que pertenezca a tales minorías o que sea indígena el derecho que le corresponde, en común con los demás miembros de su grupo, a tener su propia vida cultural, a profesar y practicar su propia religión, o a emplear su propio idioma.

Artículo 31

1. Los Estados Partes reconocen el derecho del niño al descanso y el esparcimiento, al juego y a las actividades recreativas propias de su edad y a participar libremente en la vida cultural y en las artes.

2. Los Estados Partes respetarán y promoverán el derecho del niño a participar plenamente en la vida cultural y artística y propiciarán oportunidades apropiadas, en condiciones de igualdad, de participar en la vida cultural, artística, recreativa y de esparcimiento.

Artículo 32

1. Los Estados Partes reconocen el derecho del niño a estar protegido contra la explotación económica y contra el desempeño de cualquier trabajo que pueda ser peligroso o entorpecer su educación, o que sea nocivo para su salud o para su desarrollo físico, mental, espiritual, moral o social.

2. Los Estados Partes adoptarán medidas legislativas, administrativas, sociales y educacionales para garantizar la aplicación del presente artículo. Con ese propósito y teniendo en cuenta las disposiciones pertinentes de otros instrumentos internacionales, los Estados Partes, en particular:

a) Fijarán una edad o edades mínimas para trabajar;

b) Dispondrán la reglamentación apropiada de los horarios y condiciones de trabajo;

c) Estipularán las penalidades u otras sanciones apropiadas para asegurar la aplicación efectiva del presente artículo.

Artículo 33

Los Estados Partes adoptarán todas las medidas apropiadas, incluidas medidas legislativas, administrativas, sociales y educacionales, para proteger a los niños contra el uso ilícito de los estupefacientes y sustancias sicotrópicas enumeradas en los tratados internacionales pertinentes, y para impedir que se utilice a niños en la producción y el tráfico ilícitos de esas sustancias.

Artículo 34

Los Estados Partes se comprometen a proteger al niño contra todas las formas de explotación y abuso sexuales. Con este fin, los Estados Partes tomarán, en particular, todas las medidas de carácter nacional, bilateral y multilateral que sean necesarias para impedir:

a) La incitación o la coacción para que un niño se dedique a cualquier actividad sexual ilegal;

b) La explotación del niño en la prostitución u otras prácticas sexuales ilegales;

c) La explotación del niño en espectáculos o materiales pornográficos.

Artículo 35

Los Estados Partes tomarán todas las medidas de carácter nacional, bilateral y multilateral que sean necesarias para impedir el secuestro, la venta o la trata de niños para cualquier fin o en cualquier forma.

Artículo 36

Los Estados Partes protegerán al niño contra todas las demás formas de explotación que sean perjudiciales para cualquier aspecto de su bienestar.

Artículo 37

Los Estados Partes velarán por que:

a) Ningún niño sea sometido a torturas ni a otros tratos o penas crueles, inhumanos o degradantes. No se impondrá la pena capital ni la de prisión perpetua sin posibilidad de excarcelación por delitos cometidos por menores de 18 años de edad;

b) Ningún niño sea privado de su libertad ilegal o arbitrariamente. La detención, el encarcelamiento o la prisión de un niño se llevará a cabo de conformidad con la ley y se utilizará tan sólo como medida de último recurso y durante el período más breve que proceda;

c) Todo niño privado de libertad sea tratado con la humanidad y el respeto que merece la dignidad inherente a la persona humana, y de manera que se tengan en cuenta las necesidades de las personas de su edad. En particular, todo niño privado de libertad estará separado de los adultos, a menos que ello se considere contrario al interés superior del niño, y tendrá derecho a mantener contacto con su familia por medio de correspondencia y de visitas, salvo en circunstancias excepcionales;

d) Todo niño privado de su libertad tendrá derecho a un pronto acceso a la asistencia jurídica y otra asistencia adecuada, así como derecho a impugnar la legalidad de la privación de su libertad ante un tribunal u otra autoridad competente, independiente e imparcial y a una pronta decisión sobre dicha acción.

Artículo 38

1. Los Estados Partes se comprometen a respetar y velar por que se respeten las normas del derecho internacional humanitario que les sean aplicables en los conflictos armados y que sean pertinentes para el niño.

2. Los Estados Partes adoptarán todas las medidas posibles para asegurar que las personas que aún no hayan cumplido los 15 años de edad no participen directamente en las hostilidades.

3. Los Estados Partes se abstendrán de reclutar en las fuerzas armadas a las personas que no hayan cumplido los 15 años de edad. Si reclutan personas que hayan cumplido 15 años, pero que sean menores de 18, los Estados Partes procurarán dar prioridad a los de más edad.

4. De conformidad con las obligaciones dimanadas del derecho internacional humanitario de proteger a la población civil durante los conflictos armados, los Estados Partes adoptarán todas las medidas posibles para asegurar la protección y el cuidado de los niños afectados por un conflicto armado.

Artículo 39

Los Estados Partes adoptarán todas las medidas apropiadas para promover la recuperación física y psicológica y la reintegración social de todo niño víctima de: cualquier forma de abandono, explotación o abuso; tortura u otra forma de tratos o penas crueles, inhumanos o degradantes; o conflictos armados. Esa recuperación y reintegración se llevarán a cabo en un ambiente que fomente la salud, el respeto de sí mismo y la dignidad del niño.

Artículo 40

1. Los Estados Partes reconocen el derecho de todo niño de quien se alegue que ha infringido las leyes penales o a quien se acuse o declare culpable de haber infringido esas leyes a ser tratado de manera acorde con el fomento de su sentido de la dignidad y el valor, que fortalezca el respeto del niño por los derechos humanos y las libertades fundamentales de terceros y en la que se tengan en cuenta la edad del niño y la importancia de promover la reintegración del niño y de que éste asuma una función constructiva en la sociedad.

2. Con este fin, y habida cuenta de las disposiciones pertinentes de los instrumentos internacionales, los Estados Partes garantizarán, en particular:

a) Que no se alegue que ningún niño ha infringido las leyes penales, ni se acuse o declare culpable a ningún niño de haber infringido esas leyes, por actos u omisiones que no estaban prohibidos por las leyes nacionales o internacionales en el momento en que se cometieron;

b) Que a todo niño del que se alegue que ha infringido las leyes penales o a quien se acuse de haber infringido esas leyes se le garantice, por lo menos, lo siguiente:

i) Que se lo presumirá inocente mientras no se pruebe su culpabilidad conforme a la ley;

ii) Que será informado sin demora y directamente o, cuando sea procedente, por intermedio de sus padres o sus representantes legales, de los cargos que pesan contra él y que dispondrá de asistencia jurídica u otra asistencia apropiada en la preparación y presentación de su defensa;

iii) Que la causa será dirimida sin demora por una autoridad u órgano judicial competente, independiente e imparcial en una audiencia equitativa conforme a la ley, en presencia de un asesor jurídico u otro tipo de asesor adecuado y, a menos que se considerare que ello fuere contrario al interés superior del niño, teniendo en cuenta en particular su edad o situación y a sus padres o representantes legales;

iv) Que no será obligado a prestar testimonio o a declararse culpable, que podrá interrogar o hacer que se interrogue a testigos de cargo y obtener la participación y el interrogatorio de testigos de descargo en condiciones de igualdad;

v) Si se considerare que ha infringido, en efecto, las leyes penales, que esta decisión y toda medida impuesta a consecuencia de ella, serán sometidas a una autoridad u órgano judicial superior competente, independiente e imparcial, conforme a la ley;

vi) Que el niño contará con la asistencia gratuita de un intérprete si no comprende o no habla el idioma utilizado;

vii) Que se respetará plenamente su vida privada en todas las fases del procedimiento.

3. Los Estados Partes tomarán todas las medidas apropiadas para promover el establecimiento de leyes, procedimientos, autoridades e instituciones específicos para los niños de quienes se alegue que han infringido las leyes penales o a quienes se acuse o declare culpables de haber infringido esas leyes, y en particular:

a) El establecimiento de una edad mínima antes de la cual se presumirá que los niños no tienen capacidad para infringir las leyes penales;

b) Siempre que sea apropiado y deseable, la adopción de medidas para tratar a esos niños sin recurrir a procedimientos judiciales, en el entendimiento de que se respetarán plenamente los derechos humanos y las garantías legales.

4. Se dispondrá de diversas medidas, tales como el cuidado, las órdenes de orientación y supervisión, el asesoramiento, la libertad vigilada, la colocación en hogares de guarda, los programas de enseñanza y formación profesional, así como otras posibilidades alternativas a la internación en instituciones, para

asegurar que los niños sean tratados de manera apropiada para su bienestar y que guarde proporción tanto con sus circunstancias como con la infracción.

Artículo 41

Nada de lo dispuesto en la presente Convención afectará a las disposiciones que sean más conducentes a la realización de los derechos del niño y que puedan estar recogidas en:

a) El derecho de un Estado Parte; o

b) El derecho internacional vigente con respecto a dicho Estado.

Parte II

Artículo 42

Los Estados Partes se comprometen a dar a conocer ampliamente los principios y disposiciones de la Convención por medios eficaces y apropiados, tanto a los adultos como a los niños.

Artículo 43

1. Con la finalidad de examinar lor progresos realizados en el cumplimiento de las obligaciones contraídas por los Estados Partes en la presente Convención, se establecerá un Comité de los Derechos del Niño que desempeñará las funciones que a continuación se estipulan.

2. El Comité estará integrado por dieciocho expertos de gran integridad moral y reconocida competencia en las esferas reguladas por la presente Convención[1]. Los miembros del Comité serán elegidos por los Estados Partes entre sus nacionales y ejercerán sus funciones a título personal, teniéndose debidamente en cuenta la distribución geográfica, así como los principales sistemas jurídicos.

3. Los miembros del Comité serán elegidos, en votación secreta, de una lista de personas designadas por los Estados Partes. Cada Estado Parte podrá designar a una persona escogida entre sus propios nacionales.

---

1 La Asamblea General, en su resolución 50/155 de 21 de diciembre de 1995, aprobó la enmienda al párrafo 2 del artículo 43 de la Convención sobre los Derechos del Niño, sustituyendo la palabra «diez» por la palabra «dieciocho». La enmienda entró en vigencia el 18 de noviembre de 2002, fecha en que quedó aceptada por dos tercios de los Estados partes (128 de 191).

4. La elección inicial se celebrará a más tardar seis meses después de la entrada en vigor de la presente Convención y ulteriormente cada dos años. Con cuatro meses, como mínimo, de antelación respecto de la fecha de cada elección, el Secretario General de las Naciones Unidas dirigirá una carta a los Estados Partes invitándolos a que presenten sus candidaturas en un plazo de dos meses. El Secretario General preparará después una lista en la que figurarán por orden alfabético todos los candidatos propuestos, con indicación de los Estados Partes que los hayan designado, y la comunicará a los Estados Partes en la presente Convención.

5. Las elecciones se celebrarán en una reunión de los Estados Partes convocada por el Secretario General en la Sede de las Naciones Unidas. En esa reunión, en la que la presencia de dos tercios de los Estados Partes constituirá quórum, las personas seleccionadas para formar parte del Comité serán aquellos candidatos que obtengan el mayor número de votos y una mayoría absoluta de los votos de los representantes de los Estados Partes presentes y votantes.

6. Los miembros del Comité serán elegidos por un período de cuatro años. Podrán ser reelegidos si se presenta de nuevo su candidatura. El mandato de cinco de los miembros elegidos en la primera elección expirará al cabo de dos años; inmediatamente después de efectuada la primera elección, el presidente de la reunión en que ésta se celebre elegirá por sorteo los nombres de esos cinco miembros.

7. Si un miembro del Comité fallece o dimite o declara que por cualquier otra causa no puede seguir desempeñando sus funciones en el Comité, el Estado Parte que propuso a ese miembro designará entre sus propios nacionales a otro experto para ejercer el mandato hasta su término, a reserva de la aprobación del Comité.

8. El Comité adoptará su propio reglamento.

9. El Comité elegirá su Mesa por un período de dos años.

10. Las reuniones del Comité se celebrarán normalmente en la Sede de las Naciones Unidas o en cualquier otro lugar conveniente que determine el Comité. El Comité se reunirá normalmente todos los años. La duración de las reuniones del Comité será determinada y revisada, si procediera, por una reunión de los Estados Partes en la presente Convención, a reserva de la aprobación de la Asamblea General.

11. El Secretario General de las Naciones Unidas proporcionará el personal y los servicios necesarios para el desempeño eficaz de las funciones del Comité establecido en virtud de la presente Convención.

12. Previa aprobación de la Asamblea General, los miembros del Comité establecido en virtud de la presente Convención recibirán emolumentos con cargo a los fondos de las Naciones Unidas, según las condiciones que la Asamblea pueda establecer.

Artículo 44

1. Los Estados Partes se comprometen a presentar al Comité, por conducto del Secretario General de las Naciones Unidas, informes sobre las medidas que hayan adoptado para dar efecto a los derechos reconocidos en la Convención y sobre el progreso que hayan realizado en cuanto al goce de esos derechos:

a) En el plazo de dos años a partir de la fecha en la que para cada Estado Parte haya entrado en vigor la presente Convención;

b) En lo sucesivo, cada cinco años.

2. Los informes preparados en virtud del presente artículo deberán indicar las circunstancias y dificultades, si las hubiere, que afecten al grado de cumplimiento de las obligaciones derivadas de la presente Convención. Deberán asimismo, contener información suficiente para que el Comité tenga cabal comprensión de la aplicación de la Convención en el país de que se trate.

3. Los Estados Partes que hayan presentado un informe inicial completo al Comité no necesitan repetir, en sucesivos informes presentados de conformidad con lo dispuesto en el inciso b) del párrafo 1 del presente artículo, la información básica presentada anteriormente.

4. El Comité podrá pedir a los Estados Partes más información relativa a la aplicación de la Convención.

5. El Comité presentará cada dos años a la Asamblea General de las Naciones Unidas, por conducto del Consejo Económico y Social, informes sobre sus actividades.

6. Los Estados Partes darán a sus informes una amplia difusión entre el público de sus países respectivos.

Artículo 45

Con objeto de fomentar la aplicación efectiva de la Convención y de estimular la cooperación internacional en la esfera regulada por la Convención:

a) Los organismos especializados, el Fondo de las Naciones Unidas para la Infancia y demás órganos de las Naciones Unidas tendrán derecho a estar representados en el examen de la aplicación de aquellas disposiciones de la presente Convención comprendidas en el ámbito de su mandato. El Comité podrá invitar a los organismos especializados, al Fondo de las Naciones Unidas para la Infancia y a otros órganos competentes que considere apropiados a que proporcionen asesoramiento especializado sobre la aplicación de la Convención en los sectores que son de incumbencia de sus respectivos mandatos. El Comité podrá invitar a los organismos especializados, al Fondo de las Naciones Unidas para la Infancia y demás órganos de las Naciones Unidas a que presenten informes sobre la aplicación de aquellas disposiciones de la presente Convención comprendidas en el ámbito de sus actividades;

b) El Comité transmitirá, según estime conveniente, a los organismos especializados, al Fondo de las Naciones Unidas para la Infancia y a otros órganos competentes, los informes de los Estados Partes que contengan una solicitud de asesoramiento o de asistencia técnica, o en los que se indique esa necesidad, junto con las observaciones y sugerencias del Comité, si las hubiere, acerca de esas solicitudes o indicaciones;

c) El Comité podrá recomendar a la Asamblea General que pida al Secretario General que efectúe, en su nombre, estudios sobre cuestiones concretas relativas a los derechos del niño;

d) El Comité podrá formular sugerencias y recomendaciones generales basadas en la información recibida en virtud de los artículos 44 y 45 de la presente Convención. Dichas sugerencias y recomendaciones generales deberán transmitirse a los Estados Partes interesados y notificarse a la Asamblea General, junto con los comentarios, si los hubiere, de los Estados Partes.

Parte III

Artículo 46

La presente Convención estará abierta a la firma de todos los Estados.

Artículo 47

La presente Convención está sujeta a ratificación. Los instrumentos de ratificación se depositarán en poder del Secretario General de las Naciones Unidas.

Artículo 48

La presente Convención permanecerá abierta a la adhesión de cualquier Estado. Los instrumentos de adhesión se depositarán en poder del Secretario General de las Naciones Unidas.

Artículo 49

1. La presente Convención entrará en vigor el trigésimo día siguiente a la fecha en que haya sido depositado el vigésimo instrumento de ratificación o de adhesión en poder del Secretario General de las Naciones Unidas.

2. Para cada Estado que ratifique la Convención o se adhiera a ella después de haber sido depositado el vigésimo instrumento de ratificación o de adhesión, la Convención entrará en vigor el trigésimo día después del depósito por tal Estado de su instrumento de ratificación o adhesión.

Artículo 50

1. Todo Estado Parte podrá proponer una enmienda y depositarla en poder del Secretario General de las Naciones Unidas. El Secretario General comunicará la enmienda propuesta a los Estados Partes, pidiéndoles que les notifiquen si desean que se convoque una conferencia de Estados Partes con el fin de examinar la propuesta y someterla a votación. Si dentro de los cuatro meses siguientes a la fecha de esa notificación un tercio, al menos, de los Estados Partes se declara en favor de tal conferencia, el Secretario General convocará una conferencia con el auspicio de las Naciones Unidas. Toda enmienda adoptada por la mayoría de Estados Partes, presentes y votantes en la conferencia, será sometida por el Secretario General a la Asamblea General de las Naciones Unidas para su aprobación.

2. Toda enmienda adoptada de conformidad con el párrafo 1 del presente artículo entrará en vigor cuando haya sido aprobada por la Asamblea General de las Naciones Unidas y aceptada por una mayoría de dos tercios de los Estados Partes.

3. Cuando las enmiendas entren en vigor serán obligatorias para los Estados Partes que las hayan aceptado, en tanto que los demás Estados Partes seguirán obligados por las disposiciones de la presente Convención y por las enmiendas anteriores que hayan aceptado.

Artículo 51

1. El Secretario General de las Naciones Unidas recibirá y comunicará a todos los Estados el texto de las reservas formuladas por los Estados en el momento de la ratificación o de la adhesión.

2. No se aceptará ninguna reserva incompatible con el objeto y el propósito de la presente Convención.

3. Toda reserva podrá ser retirada en cualquier momento por medio de una notificación hecha a ese efecto y dirigida al Secretario General de las Naciones Unidas, quien informará a todos los Estados. Esa notificación surtirá efecto en la fecha de su recepción por el Secretario General.

Artículo 52

Todo Estado Parte podrá denunciar la presente Convención mediante notificación hecha por escrito al Secretario General de las Naciones Unidas. La denuncia surtirá efecto un año después de la fecha en que la notificación haya sido recibida por el Secretario General.

Artículo 53

Se desgina depositario de la presente Convención al Secretario General de las Naciones Unidas.

Artículo 54

El original de la presente Convención, cuyos textos en árabe, chino, español, francés, inglés y ruso son igualmente auténticos, se depositará en poder del Secretario General de las Naciones Unidas.

EN TESTIMONIO DE LO CUAL, los infrascritos plenipotenciarios, debidamente autorizados para ello por sus respectivos gobiernos, han firmado la presente Convención.

Convención sobre la eliminación de todas las formas de discriminación contra la mujer

Adoptada y abierta a la firma y ratificación, o adhesión, por la Asamblea General en su resolución 34/180, de 18 de diciembre de 1979

Entrada en vigor: 3 de septiembre de 1981, de conformidad con el artículo 27 (1)

Los Estados Partes en la presente Convención,

Considerando que la Carta de las Naciones Unidas reafirma la fe en los derechos humanos fundamentales, en la dignidad y el valor de la persona humana y en la igualdad de derechos de hombres y mujeres,

Considerando que la Declaración Universal de Derechos Humanos reafirma el principio de la no discriminación y proclama que todos los seres humanos nacen libres e iguales en dignidad y derechos y que toda persona puede invocar todos los derechos y libertades proclamados en esa Declaración, sin distinción alguna y, por ende, sin distinción de sexo,

Considerando que los Estados Partes en los Pactos Internacionales de Derechos Humanos tienen la obligación de garantizar a hombres y mujeres la igualdad en el goce de todos los derechos económicos, sociales, culturales, civiles y políticos,

Teniendo en cuenta las convenciones internacionales concertadas bajo los auspicios de las Naciones Unidas y de los organismos especializados para favorecer la igualdad de derechos entre el hombre y la mujer,

Teniendo en cuenta asimismo las resoluciones, declaraciones y recomendaciones aprobadas por las Naciones Unidas y los organismos especializados para favorecer la igualdad de derechos entre el hombre y la mujer,

Preocupados, sin embargo, al comprobar que a pesar de estos diversos instrumentos las mujeres siguen siendo objeto de importantes discriminaciones,

Recordando que la discriminación contra la mujer viola los principios de la igualdad de derechos y del respeto de la dignidad humana, que dificulta la participación de la mujer, en las mismas condiciones que el hombre, en la vida política, social, económica y cultural de su país, que constituye un obstáculo para el aumento del bienestar de la sociedad y de la familia y que entorpece el pleno desarrollo de las posibilidades de la mujer para prestar servicio a su país y a la humanidad,

Preocupados por el hecho de que en situaciones de pobreza la mujer tiene un acceso mínimo a la alimentación, la salud, la enseñanza, la capacitación y las oportunidades de empleo, así como a la satisfacción de otras necesidades,

Convencidos de que el establecimiento del nuevo orden económico internacional basado en la equidad y la justicia contribuirá significativamente a la promoción de la igualdad entre el hombre y la mujer,

Subrayado que la eliminación del apartheid, de todas las formas de racismo, de discriminación racial, colonialismo, neocolonialismo, agresión, ocupación y dominación extranjeras y de la injerencia en los asuntos internos de los Estados es indispensable para el disfrute cabal de los derechos del hombre y de la mujer,

Afirmando que el fortalecimiento de la paz y la seguridad internacionales, el alivio de la tensión internacional, la cooperación mutua entre todos los Estados con independencia de sus sistemas sociales y económicos, el desarme general y completo, en particular el desarme nuclear bajo un control internacional estricto y efectivo, la afirmación de los principios de la justicia, la igualdad y el provecho mutuo en las relaciones entre países y la realización del derecho de los pueblos sometidos a dominación colonial y extranjera o a ocupación extranjera a la libre determinación y la independencia, así como el respeto de la soberanía nacional y de la integridad territorial, promoverán el progreso social y el desarrollo y, en consecuencia, contribuirán al logro de la plena igualdad entre el hombre y la mujer,

Convencidos de que la máxima participación de la mujer en todas las esferas, en igualdad de condiciones con el hombre, es indispensable para el desarrollo pleno y completo de un país, el bienestar del mundo y la causa de la paz,

Teniendo presentes el gran aporte de la mujer al bienestar de la familia y al desarrollo de la sociedad, hasta ahora no plenamente reconocido, la importancia social de la maternidad y la función tanto del padre como de la madre en la familia y en la educación de los hijos, y conscientes de que el papel de la mujer en la procreación no debe ser causa de discriminación, sino que la educación de los niños exige la responsabilidad compartida entre hombres y mujeres y la sociedad en su conjunto,

Reconociendo que para lograr la plena igualdad entre el hombre y la mujer es necesario modificar el papel tradicional tanto del hombre como de la mujer en la sociedad y en la familia,

Resueltos a aplicar los principios enunciados en la Declaración sobre la eliminación de la discriminación contra la mujer y, para ello, a adoptar las medidas necesarias a fin de suprimir esta discriminación en todas sus formas y manifestaciones,

Han convenido en lo siguiente:

Parte I

Artículo 1

A los efectos de la presente Convención, la expresión «discriminación contra la mujer» denotará toda distinción, exclusión o restricción basada en el sexo que tenga por objeto o resultado menoscabar o anular el reconocimiento, goce o ejercicio por la mujer, independientemente de su estado civil, sobre la base de la igualdad del hombre y la mujer, de los derechos humanos y las libertades fundamentales en las esferas política, económica, social, cultural y civil o en cualquier otra esfera.

Artículo 2

Los Estados Partes condenan la discriminación contra la mujer en todas sus formas, convienen en seguir, por todos los medios apropiados y sin dilaciones, una política encaminada a eliminar la discriminación contra la mujer y, con tal objeto, se comprometen a:

a) Consagrar, si aún no lo han hecho, en sus constituciones nacionales y en cualquier otra legislación apropiada el principio de la igualdad del hombre y de la mujer y asegurar por ley u otros medios apropiados la realización práctica de ese principio;

b) Adoptar medidas adecuadas, legislativas y de otro carácter, con las sanciones correspondientes, que prohíban toda discriminación contra la mujer;

c) Establecer la protección jurídica de los derechos de la mujer sobre una base de igualdad con los del hombre y garantizar, por conducto de los tribunales nacionales competentes y de otras instituciones públicas, la protección efectiva de la mujer contra todo acto de discriminación;

d) Abstenerse de incurrir en todo acto o práctica de discriminación contra la mujer y velar por que las autoridades e instituciones públicas actúen de conformidad con esta obligación;

e) Tomar todas las medidas apropiadas para eliminar la discriminación contra la mujer practicada por cualesquiera personas, organizaciones o empresas;

f) Adoptar todas las medidas adecuadas, incluso de carácter legislativo, para modificar o derogar leyes, reglamentos, usos y prácticas que constituyan discriminación contra la mujer;

g) Derogar todas las disposiciones penales nacionales que constituyan discriminación contra la mujer.

Artículo 3

Los Estados Partes tomarán en todas las esferas, y en particular en las esferas política, social, económica y cultural, todas las medidas apropiadas, incluso de carácter legislativo, para asegurar el pleno desarrollo y adelanto de la mujer, con el objeto de garantizarle el ejercicio y el goce de los derechos humanos y las libertades fundamentales en igualdad de condiciones con el hombre.

Artículo 4

1. La adopción por los Estados Partes de medidas especiales de carácter temporal encaminadas a acelerar la igualdad de facto entre el hombre y la mujer no se considerará discriminación en la forma definida en la presente Convención, pero de ningún modo entrañará, como consecuencia, el mantenimiento de normas desiguales o separadas; estas medidas cesarán cuando se hayan alcanzado los objetivos de igualdad de oportunidad y trato.

2. La adopción por los Estados Partes de medidas especiales, incluso las contenidas en la presente Convención, encaminadas a proteger la maternidad no se considerará discriminatoria.

Artículo 5

Los Estados Partes tomarán todas las medidas apropiadas para:

a) Modificar los patrones socioculturales de conducta de hombres y mujeres, con miras a alcanzar la eliminación de los prejuicios y las prácticas consuetudinarias y de cualquier otra índole que estén basados en la idea de la inferioridad o superioridad de cualquiera de los sexos o en funciones estereotipadas de hombres y mujeres;

b) Garantizar que la educación familiar incluya una comprensión adecuada de la maternidad como función social y el reconocimiento de la responsabilidad común de hombres y mujeres en cuanto a la educación y al desarrollo de sus hijos, en la inteligencia de que el interés de los hijos constituirá la consideración primordial en todos los casos.

Artículo 6

Los Estados Partes tomarán todas las medidas apropiadas, incluso de carácter legislativo, para suprimir todas las formas de trata de mujeres y explotación de la prostitución de la mujer.

Parte II

Artículo 7

Los Estados Partes tomarán todas las medidas apropiadas para eliminar la discriminación contra la mujer en la vida política y pública del país y, en particular, garantizarán a las mujeres, en igualdad de condiciones con los hombres, el derecho a:

a) Votar en todas las elecciones y referéndums públicos y ser elegibles para todos los organismos cuyos miembros sean objeto de elecciones públicas;

b) Participar en la formulación de las políticas gubernamentales y en la ejecución de éstas, y ocupar cargos públicos y ejercer todas las funciones públicas en todos los planos gubernamentales;

c) Participar en organizaciones y en asociaciones no gubernamentales que se ocupen de la vida pública y política del país.

Artículo 8

Los Estados Partes tomarán todas las medidas apropiadas para garantizar a la mujer, en igualdad de condiciones con el hombre y sin discriminación alguna, la oportunidad de representar a su gobierno en el plano internacional y de participar en la labor de las organizaciones internacionales.

Artículo 9

1. Los Estados Partes otorgarán a las mujeres iguales derechos que a los hombres para adquirir, cambiar o conservar su nacionalidad. Garantizarán, en particular, que ni el matrimonio con un extranjero ni el cambio de nacionalidad del marido durante el matrimonio cambien automáticamente la nacionalidad de la esposa, la conviertan en apatrida o la obliguen a adoptar la nacionalidad del cónyuge.

2. Los Estados Partes otorgarán a la mujer los mismos derechos que al hombre con respecto a la nacionalidad de sus hijos.

Parte III

Artículo 10

Los Estados Partes adoptarán todas las medidas apropiadas para eliminar la discriminación contra la mujer, a fin de asegurarle la igualdad de derechos con el hombre en la esfera de la educación y en particular para asegurar, en condiciones de igualdad entre hombres y mujeres:

a) Las mismas condiciones de orientación en materia de carreras y capacitación profesional, acceso a los estudios y obtención de diplomas en las instituciones de enseñanza de todas las categorías, tanto en zonas rurales como urbanas; esta igualdad deberá asegurarse en la enseñanza preescolar, general, técnica, profesional y técnica superior, así como en todos los tipos de capacitación profesional;

b) Acceso a los mismos programas de estudios, a los mismos exámenes, a personal docente del mismo nivel profesional y a locales y equipos escolares de la misma calidad;

c) La eliminación de todo concepto estereotipado de los papeles masculino y femenino en todos los niveles y en todas las formas de enseñanza, mediante el estímulo de la educación mixta y de otros tipos de educación que contribuyan a lograr este objetivo y, en particular, mediante la modificación de los libros y programas escolares y la adaptación de los métodos de enseñanza;

d) Las mismas oportunidades para la obtención de becas y otras subvenciones para cursar estudios;

e) Las mismas oportunidades de acceso a los programas de educación permanente, incluidos los programas de alfabetización funcional y de adultos, con miras en particular a reducir lo antes posible toda diferencia de conocimientos que exista entre hombres y mujeres;

f) La reducción de la tasa de abandono femenino de los estudios y la organización de programas para aquellas jóvenes y mujeres que hayan dejado los estudios prematuramente;

g) Las mismas oportunidades para participar activamente en el deporte y la educación física;

h) Acceso al material informativo específico que contribuya a asegurar la salud y el bienestar de la familia, incluida la información y el asesoramiento sobre planificación de la familia.

Artículo 11

1. Los Estados Partes adoptarán todas las medidas apropiadas para eliminar la discriminación contra la mujer en la esfera del empleo a fin de asegurar a la mujer, en condiciones de igualdad con los hombres, los mismos derechos, en particular:

a) El derecho al trabajo como derecho inalienable de todo ser humano;

b) El derecho a las mismas oportunidades de empleo, inclusive a la aplicación de los mismos criterios de selección en cuestiones de empleo;

c) El derecho a elegir libremente profesión y empleo, el derecho al ascenso, a la estabilidad en el empleo y a todas las prestaciones y otras condiciones de servicio, y el derecho a la formación profesional y al readiestramiento, incluido el aprendizaje, la formación profesional superior y el adiestramiento periódico;

d) El derecho a igual remuneración, inclusive prestaciones, y a igualdad de trato con respecto a un trabajo de igual valor, así como a igualdad de trato con respecto a la evaluación de la calidad del trabajo;

e) El derecho a la seguridad social, en particular en casos de jubilación, desempleo, enfermedad, invalidez, vejez u otra incapacidad para trabajar, así como el derecho a vacaciones pagadas;

f) El derecho a la protección de la salud y a la seguridad en las condiciones de trabajo, incluso la salvaguardia de la función de reproducción.

2. A fin de impedir la discriminación contra la mujer por razones de matrimonio o maternidad y asegurar la efectividad de su derecho a trabajar, los Estados Partes tomarán medidas adecuadas para:

a) Prohibir, bajo pena de sanciones, el despido por motivo de embarazo o licencia de maternidad y la discriminación en los despidos sobre la base del estado civil;

b) Implantar la licencia de maternidad con sueldo pagado o con prestaciones sociales comparables sin pérdida del empleo previo, la antigüedad o los beneficios sociales;

c) Alentar el suministro de los servicios sociales de apoyo necesarios para permitir que los padres combinen las obligaciones para con la familia con las responsabilidades del trabajo y la participación en la vida pública, especialmente mediante el fomento de la creación y desarrollo de una red de servicios destinados al cuidado de los niños;

d) Prestar protección especial a la mujer durante el embarazo en los tipos de trabajos que se haya probado puedan resultar perjudiciales para ella.

3. La legislación protectora relacionada con las cuestiones comprendidas en este artículo será examinada periódicamente a la luz de los conocimientos científicos y tecnológicos y será revisada, derogada o ampliada según corresponda.

Artículo 12

1. Los Estados Partes adoptarán todas las medidas apropiadas para eliminar la discriminación contra la mujer en la esfera de la atención médica a fin de asegurar, en condiciones de igualdad entre hombres y mujeres, el acceso a servicios de atención médica, inclusive los que se refieren a la planificación de la familia.

2. Sin perjuicio de lo dispuesto en el párrafo 1 supra, los Estados Partes garantizarán a la mujer servicios apropiados en relación con el embarazo, el parto y el período posterior al parto, proporcionando servicios gratuitos cuando fuere necesario, y le asegurarán una nutrición adecuada durante el embarazo y la lactancia.

Artículo 13

Los Estados Partes adoptarán todas las medidas apropiadas para eliminar la discriminación contra la mujer en otras esferas de la vida económica y social a fin de asegurar, en condiciones de igualdad entre hombres y mujeres, los mismos derechos, en particular:

a) El derecho a prestaciones familiares;

b) El derecho a obtener préstamos bancarios, hipotecas y otras formas de crédito financiero;

c) El derecho a participar en actividades de esparcimiento, deportes y en todos los aspectos de la vida cultural.

Artículo 14

1. Los Estados Partes tendrán en cuenta los problemas especiales a que hace frente la mujer rural y el importante papel que desempeña en la supervivencia económica de su familia, incluido su trabajo en los sectores no monetarios de la economía, y tomarán todas las medidas apropiadas para asegurar la aplicación de las disposiciones de la presente Convención a la mujer en las zonas rurales.

2. Los Estados Partes adoptarán todas las medidas apropiadas para eliminar la discriminación contra la mujer en las zonas rurales a fin de asegurar

en condiciones de igualdad entre hombres y mujeres, su participación en el desarrollo rural y en sus beneficios, y en particular le asegurarán el derecho a:

a) Participar en la elaboración y ejecución de los planes de desarrollo a todos los niveles;

b) Tener acceso a servicios adecuados de atención médica, inclusive información, asesoramiento y servicios en materia de planificación de la familia;

c) Beneficiarse directamente de los programas de seguridad social;

d) Obtener todos los tipos de educación y de formación, académica y no académica, incluidos los relacionados con la alfabetización funcional, así como, entre otros, los beneficios de todos los servicios comunitarios y de divulgación a fin de aumentar su capacidad técnica;

e) Organizar grupos de autoayuda y cooperativas a fin de obtener igualdad de acceso a las oportunidades económicas mediante el empleo por cuenta propia o por cuenta ajena;

f) Participar en todas las actividades comunitarias; g) Obtener acceso a los créditos y préstamos agrícolas, a los servicios de comercialización y a las tecnologías apropiadas, y recibir un trato igual en los planes de reforma agraria y de reasentamiento;

h) Gozar de condiciones de vida adecuadas, particularmente en las esferas de la vivienda, los servicios sanitarios, la electricidad y el abastecimiento de agua, el transporte y las comunicaciones.

Parte IV

Artículo 15

1. Los Estados Partes reconocerán a la mujer la igualdad con el hombre ante la ley.

2. Los Estados Partes reconocerán a la mujer, en materias civiles, una capacidad jurídica idéntica a la del hombre y las mismas oportunidades para el ejercicio de esa capacidad. En particular, le reconocerán a la mujer iguales derechos para firmar contratos y administrar bienes y le dispensarán un trato igual en todas las etapas del procedimiento en las cortes de justicia y los tribunales.

3. Los Estados Partes convienen en que todo contrato o cualquier otro instrumento privado con efecto jurídico que tienda a limitar la capacidad jurídica de la mujer se considerará nulo.

4. Los Estados Partes reconocerán al hombre y a la mujer los mismos derechos con respecto a la legislación relativa al derecho de las personas a circular libremente y a la libertad para elegir su residencia y domicilio.

Artículo 16

1. Los Estados Partes adoptarán todas las medidas adecuadas para eliminar la discriminación contra la mujer en todos los asuntos relacionados con el matrimonio y las relaciones familiares y, en particular, asegurarán en condiciones de igualdad entre hombres y mujeres:

a) El mismo derecho para contraer matrimonio;

b) El mismo derecho para elegir libremente cónyuge y contraer matrimonio sólo por su libre albedrío y su pleno consentimiento;

c) Los mismos derechos y responsabilidades durante el matrimonio y con ocasión de su disolución;

d) Los mismos derechos y responsabilidades como progenitores, cualquiera que sea su estado civil, en materias relacionadas con sus hijos; en todos los casos, los intereses de los hijos serán la consideración primordial;

e) Los mismos derechos a decidir libre y responsablemente el número de sus hijos y el intervalo entre los nacimientos y a tener acceso a la información, la educación y los medios que les permitan ejercer estos derechos; f) Los mismos derechos y responsabilidades respecto de la tutela, curatela, custodia y adopción de los hijos, o instituciones análogas cuando quiera que estos conceptos existan en la legislación nacional; en todos los casos, los intereses de los hijos serán la consideración primordial;

g) Los mismos derechos personales como marido y mujer, entre ellos el derecho a elegir apellido, profesión y ocupación;

h) Los mismos derechos a cada uno de los cónyuges en materia de propiedad, compras, gestión, administración, goce y disposición de los bienes, tanto a título gratuito como oneroso.

2. No tendrán ningún efecto jurídico los esponsales y el matrimonio de niños y se adoptarán todas las medidas necesarias, incluso de carácter legislativo, para fijar una edad mínima para la celebración del matrimonio y hacer obligatoria la inscripción del matrimonio en un registro oficial.

Parte V

Artículo 17

1. Con el fin de examinar los progresos realizados en la aplicación de la presente Convención, se establecerá un Comité para la Eliminación de la Discriminación contra la Mujer (denominado en adelante el Comité) compuesto, en el momento de la entrada en vigor de la Convención, de dieciocho y, después de su ratificación o adhesión por el trigésimo quinto Estado Parte, de veintitrés expertos de gran prestigio moral y competencia en la esfera abarcada por la Convención. Los expertos serán elegidos por los Estados Partes entre sus nacionales, y ejercerán sus funciones a título personal; se tendrán en cuenta una distribución geográfica equitativa y la representación de las diferentes formas de civilización, así como los principales sistemas jurídicos.

2. Los miembros del Comité serán elegidos en votación secreta de un lista de personas designadas por los Estados Partes. Cada uno de los Estados Partes podrá designar una persona entre sus propios nacionales.

3. La elección inicial se celebrará seis meses después de la fecha de entrada en vigor de la presente Convención. Al menos tres meses antes de la fecha de cada elección, el Secretario General de las Naciones Unidas dirigirá una carta a los Estados Partes invitándolos a presentar sus candidaturas en un plazo de dos meses. El Secretario General preparará una lista por orden alfabético de todas las personas designadas de este modo, indicando los Estados Partes que las han designado, y la comunicará a los Estados Partes.

4. Los miembros del Comité serán elegidos en una reunión de los Estados Partes que será convocada por el Secretario General y se celebrará en la Sede de las Naciones Unidas. En esta reunión, para la cual formarán quórum dos tercios de los Estados Partes, se considerarán elegidos para el Comité los candidatos que obtengan el mayor número de votos y la mayoría absoluta de los votos de los representantes de los Estados Partes presentes y votantes.

5. Los miembros del Comité serán elegidos por cuatro años. No obstante, el mandato de nueve de los miembros elegidos en la primera elección expirará al cabo de dos años; inmediatamente después de la primera elección el Presidente del Comité designará por sorteo los nombres de esos nueve miembros.

6. La elección de los cinco miembros adicionales del Comité se celebrará de conformidad con lo dispuesto en los párrafos 2, 3 y 4 del presente artículo, después de que el trigésimo quinto Estado Parte haya ratificado la Convención o se haya adherido a ella. El mandato de dos de los miembros adicionales

elegidos en esta ocasión, cuyos nombres designará por sorteo el Presidente del Comité, expirará al cabo de dos años.

7. Para cubrir las vacantes imprevistas, el Estado Parte cuyo experto haya cesado en sus funciones como miembro del Comité designará entre sus nacionales a otro experto a reserva de la aprobación del Comité.

8. Los miembros del Comité, previa aprobación de la Asamblea General, percibirán emolumentos de los fondos de las Naciones Unidas en la forma y condiciones que la Asamblea determine, teniendo en cuenta la importancia de las funciones del Comité.

9. El Secretario General de las Naciones Unidas proporcionará el personal y los servicios necesarios para el desempeño eficaz de las funciones del Comité en virtud de la presente Convención.

Artículo 18

1. Los Estados Partes se comprometen a someter al Secretario General de las Naciones Unidas, para que lo examine el Comité, un informe sobre las medidas legislativas, judiciales, administrativas o de otra índole que hayan adoptado para hacer efectivas las disposiciones de la presente Convención y sobre los progresos realizados en este sentido:

a) En el plazo de un año a partir de la entrada en vigor de la Convención para el Estado de que se trate;

b) En lo sucesivo por lo menos cada cuatro años y, además, cuando el Comité lo solicite.

2. Se podrán indicar en los informes los factores y las dificultades que afecten al grado de cumplimiento de las obligaciones impuestas por la presente Convención.

Artículo 19

1. El Comité aprobará su propio reglamento.

2. El Comité elegirá su Mesa por un período de dos años.

Artículo 20

1. El Comité se reunirá normalmente todos los años por un período que no exceda de dos semanas para examinar los informes que se le presenten de conformidad con el artículo 18 de la presente Convención.

2. Las reuniones del Comité se celebrarán normalmente en la Sede de las Naciones Unidas o en cualquier otro sitio conveniente que determine el Comité.

Artículo 21

1. El Comité, por conducto del Consejo Económico y Social, informará anualmente a la Asamblea General de las Naciones Unidas sobre sus actividades y podrá hacer sugerencias y recomendaciones de carácter general basadas en el examen de los informes y de los datos transmitidos por los Estados Partes. Estas sugerencias y recomendaciones de carácter general se incluirán en el informe del Comité junto con las observaciones, si las hubiere, de los Estados Partes.

2. El Secretario General de las Naciones Unidas transmitirá los informes del Comité a la Comisión de la Condición Jurídica y Social de la Mujer para su información.

Artículo 22

Los organismos especializados tendrán derecho a estar representados en el examen de la aplicación de las disposiciones de la presente Convención que correspondan a la esfera de las actividades. El Comité podrá invitar a los organismos especializados a que presenten informes sobre la aplicación de la Convención en las áreas que correspondan a la esfera de sus actividades.

Parte VI

Artículo 23

Nada de lo dispuesto en la presente Convención afectará a disposición alguna que sea más conducente al logro de la igualdad entre hombres y mujeres y que pueda formar parte de:

a) La legislación de un Estado Parte; o

b) Cualquier otra convención, tratado o acuerdo internacional vigente en ese Estado.

Artículo 24

Los Estados Partes se comprometen a adoptar todas las medidas necesarias en el ámbito nacional para conseguir la plena realización de los derechos reconocidos en la presente Convención.

Artículo 25

1. La presente Convención estará abierta a la firma de todos los Estados.

2. Se designa al Secretario General de las Naciones Unidas depositario de la presente Convención.

3. La presente Convención está sujeta a ratificación. Los instrumentos de ratificación se depositaran en poder del Secretario General de las Naciones Unidas.

4. La presente Convención estará abierta a la adhesión de todos los Estados. La adhesión se efectuará depositando un instrumento de adhesión en poder del Secretario General de las Naciones Unidas.

Artículo 26

1. En cualquier momento, cualquiera de los Estados Partes podrá formular una solicitud de revisión de la presente Convención mediante comunicación escrita dirigida al Secretario General de las Naciones Unidas.

2. La Asamblea General de las Naciones Unidas decidirá las medidas que, en caso necesario, hayan de adoptarse en lo que respecta a esa solicitud.

Artículo 27

1. La presente Convención entrará en vigor el trigésimo día a partir de la fecha en que haya sido depositado en poder del Secretario General de las Naciones Unidas el vigésimo instrumento de ratificación o de adhesión.

2. Para cada Estado que ratifique la Convención o se adhiera a ella después de haber sido depositado el vigésimo instrumento de ratificación o de adhesión, la Convención entrará en vigor el trigésimo día a partir de la fecha en que tal Estado haya depositado su instrumento de ratificación o de adhesión.

Artículo 28

1. El Secretario General de las Naciones Unidas recibirá y comunicará a todos los Estados el texto de las reservas formuladas por los Estados en el momento de la ratificación o de la adhesión.

2. No se aceptará ninguna reserva incompatible con el objeto y el propósito de la presente Convención.

3. Toda reserva podrá ser retirada en cualquier momento por medio de una notificación a estos efectos dirigida al Secretario General de las Naciones Unidas, quien informará de ello a todos los Estados. Esta notificación surtirá efecto en la fecha de su recepción.

Artículo 29

1. Toda controversia que surja entre dos o más Estados Partes con respecto a la interpretación o aplicación de la presente Convención que no se solucione mediante negociaciones se someterá al arbitraje a petición de uno de ellos. Si

en el plazo de seis meses contados a partir de la fecha de presentación de solicitud de arbitraje las partes no consiguen ponerse de acuerdo sobre la forma del mismo, cualquiera de las partes podrá someter la controversia a la Corte Internacional de Justicia, mediante una solicitud presentada de conformidad con el Estatuto de la Corte.

2. Todo Estado Parte, en el momento de la firma o ratificación de la presente Convención o de su adhesión a la misma, podrá declarar que no se considera obligado por el párrafo 1 del presente artículo. Los demás Estados Partes no estarán obligados por ese párrafo ante ningún Estado Parte que haya formulado esa reserva.

3. Todo Estado Parte que haya formulado la reserva prevista en el párrafo 2 del presente artículo podrá retirarla en cualquier momento notificándolo al Secretario General de las Naciones Unidas.

Artículo 30

La presente Convención, cuyos textos en árabe, chino, español, francés, inglés y ruso son igualmente auténticos, se depositarán en poder del Secretario General de las Naciones Unidas.

En testimonio de lo cual, los infrascritos, debidamente autorizados, firman la presente Convención.

Convención sobre los derechos de las personas con discapacidad

Preámbulo

Los Estados Partes en la presente Convención,

a) Recordando los principios de la Carta de las Naciones Unidas que proclaman que la libertad, la justicia y la paz en el mundo tienen por base el reconocimiento de la dignidad y el valor inherentes y de los derechos iguales e inalienables de todos los miembros de la familia humana,

b) Reconociendo que las Naciones Unidas, en la Declaración Universal de Derechos Humanos y en los Pactos Internacionales de Derechos Humanos, han reconocido y proclamado que toda persona tiene los derechos y libertades enunciados en esos instrumentos, sin distinción de ninguna índole,

c) Reafirmando la universalidad, indivisibilidad, interdependencia e interrelación de todos los derechos humanos y libertades fundamentales, así como la necesidad de garantizar que las personas con discapacidad los ejerzan plenamente y sin discriminación,

d) Recordando el Pacto Internacional de Derechos Económicos, Sociales y Culturales, el Pacto Internacional de Derechos Civiles y Políticos, la Convención Internacional sobre la Eliminación de todas las Formas de Discriminación Racial, la Convención sobre la eliminación de todas las formas de discriminación contra la mujer, la Convención contra la Tortura y Otros Tratos o Penas Crueles, Inhumanos o Degradantes, la Convención sobre los Derechos del Niño y la Convención Internacional sobre la protección de los derechos de todos los trabajadores migratorios y de sus familiares,

e) Reconociendo que la discapacidad es un concepto que evoluciona y que resulta de la interacción entre las personas con deficiencias y las barreras debidas a la actitud y al entorno que evitan su participación plena y efectiva en la sociedad, en igualdad de condiciones con las demás,

f) Reconociendo la importancia que revisten los principios y las directrices de política que figuran en el Programa de Acción Mundial para los Impedidos y en las Normas Uniformes sobre la Igualdad de Oportunidades para las Personas con Discapacidad como factor en la promoción, la formulación y la evaluación de normas, planes, programas y medidas a nivel nacional, regional e internacional destinados a dar una mayor igualdad de oportunidades a las personas con discapacidad,

g) Destacando la importancia de incorporar las cuestiones relativas a la discapacidad como parte integrante de las estrategias pertinentes de desarrollo sostenible,

h) Reconociendo también que la discriminación contra cualquier persona por razón de su discapacidad constituye una vulneración de la dignidad y el valor inherentes del ser humano,

i) Reconociendo además la diversidad de las personas con discapacidad,

j) Reconociendo la necesidad de promover y proteger los derechos humanos de todas las personas con discapacidad, incluidas aquellas que necesitan un apoyo más intenso,

k) Observando con preocupación que, pese a estos diversos instrumentos y actividades, las personas con discapacidad siguen encontrando barreras para participar en igualdad de condiciones con las demás en la vida social y que se siguen vulnerando sus derechos humanos en todas las partes del mundo,

l) Reconociendo la importancia de la cooperación internacional para mejorar las condiciones de vida de las personas con discapacidad en todos los países, en particular en los países en desarrollo,

m) Reconociendo el valor de las contribuciones que realizan y pueden realizar las personas con discapacidad al bienestar general y a la diversidad de sus comunidades, y que la promoción del pleno goce de los derechos humanos y las libertades fundamentales por las personas con discapacidad y de su plena participación tendrán como resultado un mayor sentido de pertenencia de estas personas y avances significativos en el desarrollo económico, social y humano de la sociedad y en la erradicación de la pobreza,

n) Reconociendo la importancia que para las personas con discapacidad reviste su autonomía e independencia individual, incluida la libertad de tomar sus propias decisiones,

o) Considerando que las personas con discapacidad deben tener la oportunidad de participar activamente en los procesos de adopción de decisiones sobre políticas y programas, incluidos los que les afectan directamente,

p) Preocupados por la difícil situación en que se encuentran las personas con discapacidad que son víctimas de múltiples o agravadas formas de discriminación por motivos de raza, color, sexo, idioma, religión, opinión política o de cualquier otra índole, origen nacional, étnico, indígena o social, patrimonio, nacimiento, edad o cualquier otra condición,

q) Reconociendo que las mujeres y las niñas con discapacidad suelen estar expuestas a un riesgo mayor, dentro y fuera del hogar, de violencia, lesiones o abuso, abandono o trato negligente, malos tratos o explotación,

r) Reconociendo también que los niños y las niñas con discapacidad deben gozar plenamente de todos los derechos humanos y las libertades fundamentales en igualdad de condiciones con los demás niños y niñas, y recordando las obligaciones que a este respecto asumieron los Estados Partes en la Convención sobre los Derechos del Niño,

s) Subrayando la necesidad de incorporar una perspectiva de género en todas las actividades destinadas a promover el pleno goce de los derechos humanos y las libertades fundamentales por las personas con discapacidad,

t) Destacando el hecho de que la mayoría de las personas con discapacidad viven en condiciones de pobreza y reconociendo, a este respecto, la necesidad fundamental de mitigar los efectos negativos de la pobreza en las personas con discapacidad,

u) Teniendo presente que, para lograr la plena protección de las personas con discapacidad, en particular durante los conflictos armados y la ocupación extranjera, es indispensable que se den condiciones de paz y seguridad basadas en el pleno respeto de los propósitos y principios de la Carta de las Naciones Unidas y se respeten los instrumentos vigentes en materia de derechos humanos,

v) Reconociendo la importancia de la accesibilidad al entorno físico, social, económico y cultural, a la salud y la educación y a la información y las comunicaciones, para que las personas con discapacidad puedan gozar plenamente de todos los derechos humanos y las libertades fundamentales,

w) Conscientes de que las personas, que tienen obligaciones respecto a otras personas y a la comunidad a la que pertenecen, tienen la responsabilidad de procurar, por todos los medios, que se promuevan y respeten los derechos reconocidos en la Carta Internacional de Derechos Humanos,

x) Convencidos de que la familia es la unidad colectiva natural y fundamental de la sociedad y tiene derecho a recibir protección de ésta y del Estado, y de que las personas con discapacidad y sus familiares deben recibir la protección y la asistencia necesarias para que las familias puedan contribuir a que las personas con discapacidad gocen de sus derechos plenamente y en igualdad de condiciones,

y) Convencidos de que una convención internacional amplia e integral para promover y proteger los derechos y la dignidad de las personas con discapacidad contribuirá significativamente a paliar la profunda desventaja social de las personas con discapacidad y promoverá su participación, con igualdad de oportunidades, en los ámbitos civil, político, económico, social y cultural, tanto en los países en desarrollo como en los desarrollados,

Convienen en lo siguiente:

Artículo 1. Propósito

El propósito de la presente Convención es promover, proteger y asegurar el goce pleno y en condiciones de igualdad de todos los derechos humanos y libertades fundamentales por todas las personas con discapacidad, y promover el respeto de su dignidad inherente. Las personas con discapacidad incluyen a aquellas que tengan deficiencias físicas, mentales, intelectuales o sensoriales a largo plazo que, al interactuar con diversas barreras, puedan impedir su participación plena y efectiva en la sociedad, en igualdad de condiciones con las demás.

Artículo 2. Definiciones

A los fines de la presente Convención: La «comunicación» incluirá los lenguajes, la visualización de textos, el Braille, la comunicación táctil, los macrotipos, los dispositivos multimedia de fácil acceso, así como el lenguaje escrito, los sistemas auditivos, el lenguaje sencillo, los medios de voz digitalizada y otros modos, medios y formatos aumentativos o alternativos de comunicación, incluida la tecnología de la información y las comunicaciones de fácil acceso; Por «lenguaje» se entenderá tanto el lenguaje oral como la lengua de señas y otras formas de comunicación no verbal; Por «discriminación por motivos de discapacidad» se entenderá cualquier distinción, exclusión o restricción por motivos de discapacidad que tenga el propósito o el efecto de obstaculizar o dejar sin efecto el reconocimiento, goce o ejercicio, en igualdad de condiciones, de todos los derechos humanos y libertades fundamentales en los ámbitos político, económico, social, cultural, civil o de otro tipo. Incluye todas las formas de discriminación, entre ellas, la denegación de ajustes razonables; Por «ajustes razonables» se entenderán las modificaciones y adaptaciones necesarias y adecuadas que no impongan una carga desproporcionada o indebida, cuando se requieran en un caso particular, para garantizar a las personas con discapacidad el goce o ejercicio, en igualdad de condiciones con las demás, de todos los derechos humanos y libertades fundamentales; Por «diseño universal» se entenderá el diseño de productos, entornos, programas y servicios que puedan utilizar todas las personas, en la mayor medida posible, sin necesidad de adaptación ni diseño especializado. El «diseño universal» no excluirá las ayudas técnicas para grupos particulares de personas con discapacidad, cuando se necesiten.

Artículo 3. Principios generales

Los principios de la presente Convención serán:

a) El respeto de la dignidad inherente, la autonomía individual, incluida la libertad de tomar las propias decisiones, y la independencia de las personas;

b) La no discriminación;

c) La participación e inclusión plenas y efectivas en la sociedad;

d) El respeto por la diferencia y la aceptación de las personas con discapacidad como parte de la diversidad y la condición humanas;

e) La igualdad de oportunidades;

f) La accesibilidad;

g) La igualdad entre el hombre y la mujer;

h) El respeto a la evolución de las facultades de los niños y las niñas con discapacidad y de su derecho a preservar su identidad.

Artículo 4. Obligaciones generales

1. Los Estados Partes se comprometen a asegurar y promover el pleno ejercicio de todos los derechos humanos y las libertades fundamentales de las personas con discapacidad sin discriminación alguna por motivos de discapacidad. A tal fin, los Estados Partes se comprometen a:

a) Adoptar todas las medidas legislativas, administrativas y de otra índole que sean pertinentes para hacer efectivos los derechos reconocidos en la presente Convención;

b) Tomar todas las medidas pertinentes, incluidas medidas legislativas, para modificar o derogar leyes, reglamentos, costumbres y prácticas existentes que constituyan discriminación contra las personas con discapacidad;

c) Tener en cuenta, en todas las políticas y todos los programas, la protección y promoción de los derechos humanos de las personas con discapacidad;

d) Abstenerse de actos o prácticas que sean incompatibles con la presente Convención y velar por que las autoridades e instituciones públicas actúen conforme a lo dispuesto en ella;

e) Tomar todas las medidas pertinentes para que ninguna persona, organización o empresa privada discrimine por motivos de discapacidad;

f) Emprender o promover la investigación y el desarrollo de bienes, servicios, equipo e instalaciones de diseño universal, con arreglo a la definición del artículo 2 de la presente Convención, que requieran la menor adaptación posible y el menor costo para satisfacer las necesidades específicas de las personas con discapacidad, promover su disponibilidad y uso, y promover el diseño universal en la elaboración de normas y directrices;

g) Emprender o promover la investigación y el desarrollo, y promover la disponibilidad y el uso de nuevas tecnologías, incluidas las tecnologías de la información y las comunicaciones, ayudas para la movilidad, dispositivos técnicos y tecnologías de apoyo adecuadas para las personas con discapacidad, dando prioridad a las de precio asequible;

h) Proporcionar información que sea accesible para las personas con discapacidad sobre ayudas a la movilidad, dispositivos técnicos y tecnologías de apoyo, incluidas nuevas tecnologías, así como otras formas de asistencia y servicios e instalaciones de apoyo;

i) Promover la formación de los profesionales y el personal que trabajan con personas con discapacidad respecto de los derechos reconocidos en la presente Convención, a fin de prestar mejor la asistencia y los servicios garantizados por esos derechos.

2. Con respecto a los derechos económicos, sociales y culturales, los Estados Partes se comprometen a adoptar medidas hasta el máximo de sus recursos disponibles y, cuando sea necesario, en el marco de la cooperación internacional, para lograr, de manera progresiva, el pleno ejercicio de estos derechos, sin perjuicio de las obligaciones previstas en la presente Convención que sean aplicables de inmediato en virtud del derecho internacional.

3. En la elaboración y aplicación de legislación y políticas para hacer efectiva la presente Convención, y en otros procesos de adopción de decisiones sobre cuestiones relacionadas con las personas con discapacidad, los Estados Partes celebrarán consultas estrechas y colaborarán activamente con las personas con discapacidad, incluidos los niños y las niñas con discapacidad, a través de las organizaciones que las representan.

4. Nada de lo dispuesto en la presente Convención afectará a las disposiciones que puedan facilitar, en mayor medida, el ejercicio de los derechos de las personas con discapacidad y que puedan figurar en la legislación de un Estado Parte o en el derecho internacional en vigor en dicho Estado. No se restringirán ni derogarán ninguno de los derechos humanos y las libertades fundamentales reconocidos o existentes en los Estados Partes en la presente

Convención de conformidad con la ley, las convenciones y los convenios, los reglamentos o la costumbre con el pretexto de que en la presente Convención no se reconocen esos derechos o libertades o se reconocen en menor medida.

5. Las disposiciones de la presente Convención se aplicarán a todas las partes de los Estados federales sin limitaciones ni excepciones.

Artículo 5. Igualdad y no discriminación

1. Los Estados Partes reconocen que todas las personas son iguales ante la ley y en virtud de ella y que tienen derecho a igual protección legal y a beneficiarse de la ley en igual medida sin discriminación alguna.

2. Los Estados Partes prohibirán toda discriminación por motivos de discapacidad y garantizarán a todas las personas con discapacidad protección legal igual y efectiva contra la discriminación por cualquier motivo.

3. A fin de promover la igualdad y eliminar la discriminación, los Estados Partes adoptarán todas las medidas pertinentes para asegurar la realización de ajustes razonables.

4. No se considerarán discriminatorias, en virtud de la presente Convención, las medidas específicas que sean necesarias para acelerar o lograr la igualdad de hecho de las personas con discapacidad.

Artículo 6. Mujeres con discapacidad

1. Los Estados Partes reconocen que las mujeres y niñas con discapacidad están sujetas a múltiples formas de discriminación y, a ese respecto, adoptarán medidas para asegurar que puedan disfrutar plenamente y en igualdad de condiciones de todos los derechos humanos y libertades fundamentales.

2. Los Estados Partes tomarán todas las medidas pertinentes para asegurar el pleno desarrollo, adelanto y potenciación de la mujer, con el propósito de garantizarle el ejercicio y goce de los derechos humanos y las libertades fundamentales establecidos en la presente Convención.

Artículo 7. Niños y niñas con discapacidad

1. Los Estados Partes tomarán todas las medidas necesarias para asegurar que todos los niños y las niñas con discapacidad gocen plenamente de todos los derechos humanos y libertades fundamentales en igualdad de condiciones con los demás niños y niñas.

2. En todas las actividades relacionadas con los niños y las niñas con discapacidad, una consideración primordial será la protección del interés superior del niño.

3. Los Estados Partes garantizarán que los niños y las niñas con discapacidad tengan derecho a expresar su opinión libremente sobre todas las cuestiones que les afecten, opinión que recibirá la debida consideración teniendo en cuenta su edad y madurez, en igualdad de condiciones con los demás niños y niñas, y a recibir asistencia apropiada con arreglo a su discapacidad y edad para poder ejercer ese derecho.

Artículo 8. Toma de conciencia

1. Los Estados Partes se comprometen a adoptar medidas inmediatas, efectivas y pertinentes para:

a) Sensibilizar a la sociedad, incluso a nivel familiar, para que tome mayor conciencia respecto de las personas con discapacidad y fomentar el respeto de los derechos y la dignidad de estas personas;

b) Luchar contra los estereotipos, los prejuicios y las prácticas nocivas respecto de las personas con discapacidad, incluidos los que se basan en el género o la edad, en todos los ámbitos de la vida;

c) Promover la toma de conciencia respecto de las capacidades y aportaciones de las personas con discapacidad.

2. Las medidas a este fin incluyen:

a) Poner en marcha y mantener campañas efectivas de sensibilización pública destinadas a:

i) Fomentar actitudes receptivas respecto de los derechos de las personas con discapacidad;

ii) Promover percepciones positivas y una mayor conciencia social respecto de las personas con discapacidad;

iii) Promover el reconocimiento de las capacidades, los méritos y las habilidades de las personas con discapacidad y de sus aportaciones en relación con el lugar de trabajo y el mercado laboral;

b) Fomentar en todos los niveles del sistema educativo, incluso entre todos los niños y las niñas desde una edad temprana, una actitud de respeto de los derechos de las personas con discapacidad;

c) Alentar a todos los órganos de los medios de comunicación a que difundan una imagen de las personas con discapacidad que sea compatible con el propósito de la presente Convención;

d) Promover programas de formación sobre sensibilización que tengan en cuenta a las personas con discapacidad y los derechos de estas personas.

Artículo 9. Accesibilidad

1. A fin de que las personas con discapacidad puedan vivir en forma independiente y participar plenamente en todos los aspectos de la vida, los Estados Partes adoptarán medidas pertinentes para asegurar el acceso de las personas con discapacidad, en igualdad de condiciones con las demás, al entorno físico, el transporte, la información y las comunicaciones, incluidos los sistemas y las tecnologías de la información y las comunicaciones, y a otros servicios e instalaciones abiertos al público o de uso público, tanto en zonas urbanas como rurales. Estas medidas, que incluirán la identificación y eliminación de obstáculos y barreras de acceso, se aplicarán, entre otras cosas, a:

a) Los edificios, las vías públicas, el transporte y otras instalaciones exteriores e interiores como escuelas, viviendas, instalaciones médicas y lugares de trabajo;

b) Los servicios de información, comunicaciones y de otro tipo, incluidos los servicios electrónicos y de emergencia.

2. Los Estados Partes también adoptarán las medidas pertinentes para:

a) Desarrollar, promulgar y supervisar la aplicación de normas mínimas y directrices sobre la accesibilidad de las instalaciones y los servicios abiertos al público o de uso público;

b) Asegurar que las entidades privadas que proporcionan instalaciones y servicios abiertos al público o de uso público tengan en cuenta todos los aspectos de su accesibilidad para las personas con discapacidad;

c) Ofrecer formación a todas las personas involucradas en los problemas de accesibilidad a que se enfrentan las personas con discapacidad;

d) Dotar a los edificios y otras instalaciones abiertas al público de señalización en Braille y en formatos de fácil lectura y comprensión;

e) Ofrecer formas de asistencia humana o animal e intermediarios, incluidos guías, lectores e intérpretes profesionales de la lengua de señas, para facilitar el acceso a edificios y otras instalaciones abiertas al público;

f) Promover otras formas adecuadas de asistencia y apoyo a las personas con discapacidad para asegurar su acceso a la información;

g) Promover el acceso de las personas con discapacidad a los nuevos sistemas y tecnologías de la información y las comunicaciones, incluida Internet;

h) Promover el diseño, el desarrollo, la producción y la distribución de sistemas y tecnologías de la información y las comunicaciones accesibles en una etapa temprana, a fin de que estos sistemas y tecnologías sean accesibles al menor costo.

Artículo 10. Derecho a la vida

Los Estados Partes reafirman el derecho inherente a la vida de todos los seres humanos y adoptarán todas las medidas necesarias para garantizar el goce efectivo de ese derecho por las personas con discapacidad en igualdad de condiciones con las demás.

Artículo 11. Situaciones de riesgo y emergencias humanitarias

Los Estados Partes adoptarán, en virtud de las responsabilidades que les corresponden con arreglo al derecho internacional, y en concreto el derecho internacional humanitario y el derecho internacional de los derechos humanos, todas las medidas necesarias para garantizar la seguridad y la protección de las personas con discapacidad en situaciones de riesgo, incluidas situaciones de conflicto armado, emergencias humanitarias y desastres naturales.

Artículo 12. Igual reconocimiento como persona ante la ley

1. Los Estados Partes reafirman que las personas con discapacidad tienen derecho en todas partes al reconocimiento de su personalidad jurídica.

2. Los Estados Partes reconocerán que las personas con discapacidad tienen capacidad jurídica en igualdad de condiciones con las demás en todos los aspectos de la vida.

3. Los Estados Partes adoptarán las medidas pertinentes para proporcionar acceso a las personas con discapacidad al apoyo que puedan necesitar en el ejercicio de su capacidad jurídica.

4. Los Estados Partes asegurarán que en todas las medidas relativas al ejercicio de la capacidad jurídica se proporcionen salvaguardias adecuadas y efectivas para impedir los abusos de conformidad con el derecho internacional en materia de derechos humanos. Esas salvaguardias asegurarán que las medidas relativas al ejercicio de la capacidad jurídica respeten los derechos, la voluntad y las preferencias de la persona, que no haya conflicto de intereses ni influencia indebida, que sean proporcionales y adaptadas a las circunstancias de la persona, que se apliquen en el plazo más corto posible y que estén sujetas a exámenes periódicos por parte de una autoridad o un órgano judicial competente, independiente e imparcial. Las salvaguardias serán proporcionales al grado en que dichas medidas afecten a los derechos e intereses de las personas.

5. Sin perjuicio de lo dispuesto en el presente artículo, los Estados Partes tomarán todas las medidas que sean pertinentes y efectivas para garantizar

el derecho de las personas con discapacidad, en igualdad de condiciones con las demás, a ser propietarias y heredar bienes, controlar sus propios asuntos económicos y tener acceso en igualdad de condiciones a préstamos bancarios, hipotecas y otras modalidades de crédito financiero, y velarán por que las personas con discapacidad no sean privadas de sus bienes de manera arbitraria.

Artículo 13. Acceso a la justicia

1. Los Estados Partes asegurarán que las personas con discapacidad tengan acceso a la justicia en igualdad de condiciones con las demás, incluso mediante ajustes de procedimiento y adecuados a la edad, para facilitar el desempeño de las funciones efectivas de esas personas como participantes directos e indirectos, incluida la declaración como testigos, en todos los procedimientos judiciales, con inclusión de la etapa de investigación y otras etapas preliminares.

2. A fin de asegurar que las personas con discapacidad tengan acceso efectivo a la justicia, los Estados Partes promoverán la capacitación adecuada de los que trabajan en la administración de justicia, incluido el personal policial y penitenciario.

Artículo 14. Libertad y seguridad de la persona

1. Los Estados Partes asegurarán que las personas con discapacidad, en igualdad de condiciones con las demás:

a) Disfruten del derecho a la libertad y seguridad de la persona;

b) No se vean privadas de su libertad ilegal o arbitrariamente y que cualquier privación de libertad sea de conformidad con la ley, y que la existencia de una discapacidad no justifique en ningún caso una privación de la libertad.

2. Los Estados Partes asegurarán que las personas con discapacidad que se vean privadas de su libertad en razón de un proceso tengan, en igualdad de condiciones con las demás, derecho a garantías de conformidad con el derecho internacional de los derechos humanos y a ser tratadas de conformidad con los objetivos y principios de la presente Convención, incluida la realización de ajustes razonables.

Artículo 15. Protección contra la tortura y otros tratos o penas crueles, inhumanos o degradantes

1. Ninguna persona será sometida a tortura u otros tratos o penas crueles, inhumanos o degradantes. En particular, nadie será sometido a experimentos médicos o científicos sin su libre consentimiento.

2. Los Estados Partes tomarán todas las medidas de carácter legislativo, administrativo, judicial o de otra índole que sean efectivas para evitar que las personas con discapacidad, en igualdad de condiciones con las demás, sean sometidas a torturas u otros tratos o penas crueles, inhumanos o degradantes.

Artículo 16. Protección contra la explotación, la violencia y el abuso

1. Los Estados Partes adoptarán todas las medidas de carácter legislativo, administrativo, social, educativo y de otra índole que sean pertinentes para proteger a las personas con discapacidad, tanto en el seno del hogar como fuera de él, contra todas las formas de explotación, violencia y abuso, incluidos los aspectos relacionados con el género.

2. Los Estados Partes también adoptarán todas las medidas pertinentes para impedir cualquier forma de explotación, violencia y abuso asegurando, entre otras cosas, que existan formas adecuadas de asistencia y apoyo que tengan en cuenta el género y la edad para las personas con discapacidad y sus familiares y cuidadores, incluso proporcionando información y educación sobre la manera de prevenir, reconocer y denunciar los casos de explotación, violencia y abuso. Los Estados Partes asegurarán que los servicios de protección tengan en cuenta la edad, el género y la discapacidad.

3. A fin de impedir que se produzcan casos de explotación, violencia y abuso, los Estados Partes asegurarán que todos los servicios y programas diseñados para servir a las personas con discapacidad sean supervisados efectivamente por autoridades independientes.

4. Los Estados Partes tomarán todas las medidas pertinentes para promover la recuperación física, cognitiva y psicológica, la rehabilitación y la reintegración social de las personas con discapacidad que sean víctimas de cualquier forma de explotación, violencia o abuso, incluso mediante la prestación de servicios de protección. Dicha recuperación e integración tendrán lugar en un entorno que sea favorable para la salud, el bienestar, la autoestima, la dignidad y la autonomía de la persona y que tenga en cuenta las necesidades específicas del género y la edad.

5. Los Estados Partes adoptarán legislación y políticas efectivas, incluidas legislación y políticas centradas en la mujer y en la infancia, para asegurar que los casos de explotación, violencia y abuso contra personas con discapacidad sean detectados, investigados y, en su caso, juzgados.

Artículo 17. Protección de la integridad personal

Toda persona con discapacidad tiene derecho a que se respete su integridad física y mental en igualdad de condiciones con las demás.

Artículo 18. Libertad de desplazamiento y nacionalidad

1. Los Estados Partes reconocerán el derecho de las personas con discapacidad a la libertad de desplazamiento, a la libertad para elegir su residencia y a una nacionalidad, en igualdad de condiciones con las demás, incluso asegurando que las personas con discapacidad:

a) Tengan derecho a adquirir y cambiar una nacionalidad y a no ser privadas de la suya de manera arbitraria o por motivos de discapacidad;

b) No sean privadas, por motivos de discapacidad, de su capacidad para obtener, poseer y utilizar documentación relativa a su nacionalidad u otra documentación de identificación, o para utilizar procedimientos pertinentes, como el procedimiento de inmigración, que puedan ser necesarios para facilitar el ejercicio del derecho a la libertad de desplazamiento;

c) Tengan libertad para salir de cualquier país, incluido el propio;

d) No se vean privadas, arbitrariamente o por motivos de discapacidad, del derecho a entrar en su propio país.

2. Los niños y las niñas con discapacidad serán inscritos inmediatamente después de su nacimiento y tendrán desde el nacimiento derecho a un nombre, a adquirir una nacionalidad y, en la medida de lo posible, a conocer a sus padres y ser atendidos por ellos.

Artículo 19. Derecho a vivir de forma independiente y a ser incluido en la comunidad

Los Estados Partes en la presente Convención reconocen el derecho en igualdad de condiciones de todas las personas con discapacidad a vivir en la comunidad, con opciones iguales a las de las demás, y adoptarán medidas efectivas y pertinentes para facilitar el pleno goce de este derecho por las personas con discapacidad y su plena inclusión y participación en la comunidad, asegurando en especial que:

a) Las personas con discapacidad tengan la oportunidad de elegir su lugar de residencia y dónde y con quién vivir, en igualdad de condiciones con las demás, y no se vean obligadas a vivir con arreglo a un sistema de vida específico;

b) Las personas con discapacidad tengan acceso a una variedad de servicios de asistencia domiciliaria, residencial y otros servicios de apoyo de la comunidad, incluida la asistencia personal que sea necesaria para facilitar su existencia y su inclusión en la comunidad y para evitar su aislamiento o separación de ésta;

c) Las instalaciones y los servicios comunitarios para la población en general estén a disposición, en igualdad de condiciones, de las personas con discapacidad y tengan en cuenta sus necesidades.

Artículo 20. Movilidad personal

Los Estados Partes adoptarán medidas efectivas para asegurar que las personas con discapacidad gocen de movilidad personal con la mayor independencia posible, entre ellas:

a) Facilitar la movilidad personal de las personas con discapacidad en la forma y en el momento que deseen a un costo asequible;

b) Facilitar el acceso de las personas con discapacidad a formas de asistencia humana o animal e intermediarios, tecnologías de apoyo, dispositivos técnicos y ayudas para la movilidad de calidad, incluso poniéndolos a su disposición a un costo asequible;

c) Ofrecer a las personas con discapacidad y al personal especializado que trabaje con estas personas capacitación en habilidades relacionadas con la movilidad;

d) Alentar a las entidades que fabrican ayudas para la movilidad, dispositivos y tecnologías de apoyo a que tengan en cuenta todos los aspectos de la movilidad de las personas con discapacidad.

Artículo 21. Libertad de expresión y de opinión y acceso a la información

Los Estados Partes adoptarán todas las medidas pertinentes para que las personas con discapacidad puedan ejercer el derecho a la libertad de expresión y opinión, incluida la libertad de recabar, recibir y facilitar información e ideas en igualdad de condiciones con las demás y mediante cualquier forma de comunicación que elijan con arreglo a la definición del artículo 2 de la presente Convención, entre ellas:

a) Facilitar a las personas con discapacidad información dirigida al público en general, de manera oportuna y sin costo adicional, en formatos accesibles y con las tecnologías adecuadas a los diferentes tipos de discapacidad;

b) Aceptar y facilitar la utilización de la lengua de señas, el Braille, los modos, medios, y formatos aumentativos y alternativos de comunicación y todos los demás modos, medios y formatos de comunicación accesibles que elijan las personas con discapacidad en sus relaciones oficiales;

c) Alentar a las entidades privadas que presten servicios al público en general, incluso mediante Internet, a que proporcionen información y servicios en formatos que las personas con discapacidad puedan utilizar y a los que tengan acceso;

d) Alentar a los medios de comunicación, incluidos los que suministran información a través de Internet, a que hagan que sus servicios sean accesibles para las personas con discapacidad; e) Reconocer y promover la utilización de lenguas de señas.

Artículo 22. Respeto de la privacidad

1. Ninguna persona con discapacidad, independientemente de cuál sea su lugar de residencia o su modalidad de convivencia, será objeto de injerencias arbitrarias o ilegales en su vida privada, familia, hogar, correspondencia o cualquier otro tipo de comunicación, o de agresiones ilícitas contra su honor y su reputación. Las personas con discapacidad tendrán derecho a ser protegidas por la ley frente a dichas injerencias o agresiones.

2. Los Estados Partes protegerán la privacidad de la información personal y relativa a la salud y a la rehabilitación de las personas con discapacidad en igualdad de condiciones con las demás.

Artículo 23. Respeto del hogar y de la familia

1. Los Estados Partes tomarán medidas efectivas y pertinentes para poner fin a la discriminación contra las personas con discapacidad en todas las cuestiones relacionadas con el matrimonio, la familia, la paternidad y las relaciones personales, y lograr que las personas con discapacidad estén en igualdad de condiciones con las demás, a fin de asegurar que:

a) Se reconozca el derecho de todas las personas con discapacidad en edad de contraer matrimonio, a casarse y fundar una familia sobre la base del consentimiento libre y pleno de los futuros cónyuges;

b) Se respete el derecho de las personas con discapacidad a decidir libremente y de manera responsable el número de hijos que quieren tener y el tiempo que debe transcurrir entre un nacimiento y otro, y a tener acceso a información, educación sobre reproducción y planificación familiar apropiados para su edad, y se ofrezcan los medios necesarios que les permitan ejercer esos derechos;

c) Las personas con discapacidad, incluidos los niños y las niñas, mantengan su fertilidad, en igualdad de condiciones con las demás.

2. Los Estados Partes garantizarán los derechos y obligaciones de las personas con discapacidad en lo que respecta a la custodia, la tutela, la guarda, la adopción de niños o instituciones similares, cuando esos conceptos se recojan en la legislación nacional; en todos los casos se velará al máximo por el interés superior del niño. Los Estados Partes prestarán la asistencia apropiada a las personas con discapacidad para el desempeño de sus responsabilidades en la crianza de los hijos.

3. Los Estados Partes asegurarán que los niños y las niñas con discapacidad tengan los mismos derechos con respecto a la vida en familia. Para hacer efectivos estos derechos, y a fin de prevenir la ocultación, el abandono, la negligencia y la segregación de los niños y las niñas con discapacidad, los Estados Partes velarán por que se proporcione con anticipación información, servicios y apoyo generales a los menores con discapacidad y a sus familias.

4. Los Estados Partes asegurarán que los niños y las niñas no sean separados de sus padres contra su voluntad, salvo cuando las autoridades competentes, con sujeción a un examen judicial, determinen, de conformidad con la ley y los procedimientos aplicables, que esa separación es necesaria en el interés superior del niño. En ningún caso se separará a un menor de sus padres en razón de una discapacidad del menor, de ambos padres o de uno de ellos.

5. Los Estados Partes harán todo lo posible, cuando la familia inmediata no pueda cuidar de un niño con discapacidad, por proporcionar atención alternativa dentro de la familia extensa y, de no ser esto posible, dentro de la comunidad en un entorno familiar.

Artículo 24. Educación

1. Los Estados Partes reconocen el derecho de las personas con discapacidad a la educación. Con miras a hacer efectivo este derecho sin discriminación y sobre la base de la igualdad de oportunidades, los Estados Partes asegurarán un sistema de educación inclusivo a todos los niveles así como la enseñanza a lo largo de la vida, con miras a:

a) Desarrollar plenamente el potencial humano y el sentido de la dignidad y la autoestima y reforzar el respeto por los derechos humanos, las libertades fundamentales y la diversidad humana;

b) Desarrollar al máximo la personalidad, los talentos y la creatividad de las personas con discapacidad, así como sus aptitudes mentales y físicas;

c) Hacer posible que las personas con discapacidad participen de manera efectiva en una sociedad libre.

2. Al hacer efectivo este derecho, los Estados Partes asegurarán que:

a) Las personas con discapacidad no queden excluidas del sistema general de educación por motivos de discapacidad, y que los niños y las niñas con discapacidad no queden excluidos de la enseñanza primaria gratuita y obligatoria ni de la enseñanza secundaria por motivos de discapacidad;

b) Las personas con discapacidad puedan acceder a una educación primaria y secundaria inclusiva, de calidad y gratuita, en igualdad de condiciones con las demás, en la comunidad en que vivan;

c) Se hagan ajustes razonables en función de las necesidades individuales;

d) Se preste el apoyo necesario a las personas con discapacidad, en el marco del sistema general de educación, para facilitar su formación efectiva;

e) Se faciliten medidas de apoyo personalizadas y efectivas en entornos que fomenten al máximo el desarrollo académico y social, de conformidad con el objetivo de la plena inclusión.

3. Los Estados Partes brindarán a las personas con discapacidad la posibilidad de aprender habilidades para la vida y desarrollo social, a fin de propiciar su participación plena y en igualdad de condiciones en la educación y como miembros de la comunidad. A este fin, los Estados Partes adoptarán las medidas pertinentes, entre ellas:

a) Facilitar el aprendizaje del Braille, la escritura alternativa, otros modos, medios y formatos de comunicación aumentativos o alternativos y habilidades de orientación y de movilidad, así como la tutoría y el apoyo entre pares;

b) Facilitar el aprendizaje de la lengua de señas y la promoción de la identidad lingüística de las personas sordas;

c) Asegurar que la educación de las personas, y en particular los niños y las niñas ciegos, sordos o sordociegos se imparta en los lenguajes y los modos y medios de comunicación más apropiados para cada persona y en entornos que permitan alcanzar su máximo desarrollo académico y social.

4. A fin de contribuir a hacer efectivo este derecho, los Estados Partes adoptarán las medidas pertinentes para emplear a maestros, incluidos maestros con discapacidad, que estén cualificados en lengua de señas o Braille y para formar a profesionales y personal que trabajen en todos los niveles educativos. Esa formación incluirá la toma de conciencia sobre la discapacidad y el uso de modos, medios y formatos de comunicación aumentativos y alternativos

apropiados, y de técnicas y materiales educativos para apoyar a las personas con discapacidad.

5. Los Estados Partes asegurarán que las personas con discapacidad tengan acceso general a la educación superior, la formación profesional, la educación para adultos y el aprendizaje durante toda la vida sin discriminación y en igualdad de condiciones con las demás. A tal fin, los Estados Partes asegurarán que se realicen ajustes razonables para las personas con discapacidad.

Artículo 25. Salud

Los Estados Partes reconocen que las personas con discapacidad tienen derecho a gozar del más alto nivel posible de salud sin discriminación por motivos de discapacidad. Los Estados Partes adoptarán las medidas pertinentes para asegurar el acceso de las personas con discapacidad a servicios de salud que tengan en cuenta las cuestiones de género, incluida la rehabilitación relacionada con la salud. En particular, los Estados Partes:

a) Proporcionarán a las personas con discapacidad programas y atención de la salud gratuitos o a precios asequibles de la misma variedad y calidad que a las demás personas, incluso en el ámbito de la salud sexual y reproductiva, y programas de salud pública dirigidos a la población;

b) Proporcionarán los servicios de salud que necesiten las personas con discapacidad específicamente como consecuencia de su discapacidad, incluidas la pronta detección e intervención, cuando proceda, y servicios destinados a prevenir y reducir al máximo la aparición de nuevas discapacidades, incluidos los niños y las niñas y las personas mayores;

c) Proporcionarán esos servicios lo más cerca posible de las comunidades de las personas con discapacidad, incluso en las zonas rurales;

d) Exigirán a los profesionales de la salud que presten a las personas con discapacidad atención de la misma calidad que a las demás personas sobre la base de un consentimiento libre e informado, entre otras formas mediante la sensibilización respecto de los derechos humanos, la dignidad, la autonomía y las necesidades de las personas con discapacidad a través de la capacitación y la promulgación de normas éticas para la atención de la salud en los ámbitos público y privado;

e) Prohibirán la discriminación contra las personas con discapacidad en la prestación de seguros de salud y de vida cuando éstos estén permitidos en la legislación nacional, y velarán por que esos seguros se presten de manera justa y razonable;

f) Impedirán que se nieguen, de manera discriminatoria, servicios de salud o de atención de la salud o alimentos sólidos o líquidos por motivos de discapacidad.

Artículo 26. Habilitación y rehabilitación

1. Los Estados Partes adoptarán medidas efectivas y pertinentes, incluso mediante el apoyo de personas que se hallen en las mismas circunstancias, para que las personas con discapacidad puedan lograr y mantener la máxima independencia, capacidad física, mental, social y vocacional, y la inclusión y participación plena en todos los aspectos de la vida. A tal fin, los Estados Partes organizarán, intensificarán y ampliarán servicios y programas generales de habilitación y rehabilitación, en particular en los ámbitos de la salud, el empleo, la educación y los servicios sociales, de forma que esos servicios y programas:

a) Comiencen en la etapa más temprana posible y se basen en una evaluación multidisciplinar de las necesidades y capacidades de la persona;

b) Apoyen la participación e inclusión en la comunidad y en todos los aspectos de la sociedad, sean voluntarios y estén a disposición de las personas con discapacidad lo más cerca posible de su propia comunidad, incluso en las zonas rurales.

2. Los Estados Partes promoverán el desarrollo de formación inicial y continua para los profesionales y el personal que trabajen en los servicios de habilitación y rehabilitación.

3. Los Estados Partes promoverán la disponibilidad, el conocimiento y el uso de tecnologías de apoyo y dispositivos destinados a las personas con discapacidad, a efectos de habilitación y rehabilitación.

Artículo 27. Trabajo y empleo

1. Los Estados Partes reconocen el derecho de las personas con discapacidad a trabajar, en igualdad de condiciones con las demás; ello incluye el derecho a tener la oportunidad de ganarse la vida mediante un trabajo libremente elegido o aceptado en un mercado y un entorno laborales que sean abiertos, inclusivos y accesibles a las personas con discapacidad. Los Estados Partes salvaguardarán y promoverán el ejercicio del derecho al trabajo, incluso para las personas que adquieran una discapacidad durante el empleo, adoptando medidas pertinentes, incluida la promulgación de legislación, entre ellas: a) Prohibir la discriminación por motivos de discapacidad con respecto a todas

las cuestiones relativas a cualquier forma de empleo, incluidas las condiciones de selección, contratación y empleo, la continuidad en el empleo, la promoción profesional y unas condiciones de trabajo seguras y saludables;

b) Proteger los derechos de las personas con discapacidad, en igualdad de condiciones con las demás, a condiciones de trabajo justas y favorables, y en particular a igualdad de oportunidades y de remuneración por trabajo de igual valor, a condiciones de trabajo seguras y saludables, incluida la protección contra el acoso, y a la reparación por agravios sufridos;

c) Asegurar que las personas con discapacidad puedan ejercer sus derechos laborales y sindicales, en igualdad de condiciones con las demás;

d) Permitir que las personas con discapacidad tengan acceso efectivo a programas generales de orientación técnica y vocacional, servicios de colocación y formación profesional y continua;

e) Alentar las oportunidades de empleo y la promoción profesional de las personas con discapacidad en el mercado laboral, y apoyarlas para la búsqueda, obtención, mantenimiento del empleo y retorno al mismo;

f) Promover oportunidades empresariales, de empleo por cuenta propia, de constitución de cooperativas y de inicio de empresas propias;

g) Emplear a personas con discapacidad en el sector público;

h) Promover el empleo de personas con discapacidad en el sector privado mediante políticas y medidas pertinentes, que pueden incluir programas de acción afirmativa, incentivos y otras medidas;

i) Velar por que se realicen ajustes razonables para las personas con discapacidad en el lugar de trabajo;

j) Promover la adquisición por las personas con discapacidad de experiencia laboral en el mercado de trabajo abierto;

k) Promover programas de rehabilitación vocacional y profesional, mantenimiento del empleo y reincorporación al trabajo dirigidos a personas con discapacidad.

2. Los Estados Partes asegurarán que las personas con discapacidad no sean sometidas a esclavitud ni servidumbre y que estén protegidas, en igualdad de condiciones con las demás, contra el trabajo forzoso u obligatorio.

Artículo 28. Nivel de vida adecuado y protección social

1. Los Estados Partes reconocen el derecho de las personas con discapacidad a un nivel de vida adecuado para ellas y sus familias, lo cual incluye alimentación, vestido y vivienda adecuados, y a la mejora continua de sus

condiciones de vida, y adoptarán las medidas pertinentes para salvaguardar y promover el ejercicio de este derecho sin discriminación por motivos de discapacidad.

2. Los Estados Partes reconocen el derecho de las personas con discapacidad a la protección social y a gozar de ese derecho sin discriminación por motivos de discapacidad, y adoptarán las medidas pertinentes para proteger y promover el ejercicio de ese derecho, entre ellas:

a) Asegurar el acceso en condiciones de igualdad de las personas con discapacidad a servicios de agua potable y su acceso a servicios, dispositivos y asistencia de otra índole adecuados a precios asequibles para atender las necesidades relacionadas con su discapacidad;

b) Asegurar el acceso de las personas con discapacidad, en particular las mujeres y niñas y las personas mayores con discapacidad, a programas de protección social y estrategias de reducción de la pobreza;

c) Asegurar el acceso de las personas con discapacidad y de sus familias que vivan en situaciones de pobreza a asistencia del Estado para sufragar gastos relacionados con su discapacidad, incluidos capacitación, asesoramiento, asistencia financiera y servicios de cuidados temporales adecuados;

d) Asegurar el acceso de las personas con discapacidad a programas de vivienda pública; e) Asegurar el acceso en igualdad de condiciones de las personas con discapacidad a programas y beneficios de jubilación.

Artículo 29. Participación en la vida política y pública

Los Estados Partes garantizarán a las personas con discapacidad los derechos políticos y la posibilidad de gozar de ellos en igualdad de condiciones con las demás y se comprometerán a:

a) Asegurar que las personas con discapacidad puedan participar plena y efectivamente en la vida política y pública en igualdad de condiciones con las demás, directamente o a través de representantes libremente elegidos, incluidos el derecho y la posibilidad de las personas con discapacidad a votar y ser elegidas, entre otras formas mediante:

i) La garantía de que los procedimientos, instalaciones y materiales electorales sean adecuados, accesibles y fáciles de entender y utilizar;

ii) La protección del derecho de las personas con discapacidad a emitir su voto en secreto en elecciones y referéndum públicos sin intimidación, y a presentarse efectivamente como candidatas en las elecciones, ejercer cargos y desempeñar cualquier función pública a todos los niveles de gobierno, facilitando el uso de nuevas tecnologías y tecnologías de apoyo cuando proceda;

iii) La garantía de la libre expresión de la voluntad de las personas con discapacidad como electores y a este fin, cuando sea necesario y a petición de ellas, permitir que una persona de su elección les preste asistencia para votar;

b) Promover activamente un entorno en el que las personas con discapacidad puedan participar plena y efectivamente en la dirección de los asuntos públicos, sin discriminación y en igualdad de condiciones con las demás, y fomentar su participación en los asuntos públicos y, entre otras cosas:

i) Su participación en organizaciones y asociaciones no gubernamentales relacionadas con la vida pública y política del país, incluidas las actividades y la administración de los partidos políticos;

ii) La constitución de organizaciones de personas con discapacidad que representen a estas personas a nivel internacional, nacional, regional y local, y su incorporación a dichas organizaciones.

Artículo 30. Participación en la vida cultural, las actividades recreativas, el esparcimiento y el deporte

1. Los Estados Partes reconocen el derecho de las personas con discapacidad a participar, en igualdad de condiciones con las demás, en la vida cultural y adoptarán todas las medidas pertinentes para asegurar que las personas con discapacidad:

a) Tengan acceso a material cultural en formatos accesibles;

b) Tengan acceso a programas de televisión, películas, teatro y otras actividades culturales en formatos accesibles;

c) Tengan acceso a lugares en donde se ofrezcan representaciones o servicios culturales tales como teatros, museos, cines, bibliotecas y servicios turísticos y, en la medida de lo posible, tengan acceso a monumentos y lugares de importancia cultural nacional.

2. Los Estados Partes adoptarán las medidas pertinentes para que las personas con discapacidad puedan desarrollar y utilizar su potencial creativo, artístico e intelectual, no sólo en su propio beneficio sino también para el enriquecimiento de la sociedad.

3. Los Estados Partes tomarán todas las medidas pertinentes, de conformidad con el derecho internacional, a fin de asegurar que las leyes de protección de los derechos de propiedad intelectual no constituyan una barrera excesiva

o discriminatoria para el acceso de las personas con discapacidad a materiales culturales.

4. Las personas con discapacidad tendrán derecho, en igualdad de condiciones con las demás, al reconocimiento y el apoyo de su identidad cultural y lingüística específica, incluidas la lengua de señas y la cultura de los sordos.

5. A fin de que las personas con discapacidad puedan participar en igualdad de condiciones con las demás en actividades recreativas, de esparcimiento y deportivas, los Estados Partes adoptarán las medidas pertinentes para:

a) Alentar y promover la participación, en la mayor medida posible, de las personas con discapacidad en las actividades deportivas generales a todos los niveles;

b) Asegurar que las personas con discapacidad tengan la oportunidad de organizar y desarrollar actividades deportivas y recreativas específicas para dichas personas y de participar en dichas actividades y, a ese fin, alentar a que se les ofrezca, en igualdad de condiciones con las demás, instrucción, formación y recursos adecuados;

c) Asegurar que las personas con discapacidad tengan acceso a instalaciones deportivas, recreativas y turísticas;

d) Asegurar que los niños y las niñas con discapacidad tengan igual acceso con los demás niños y niñas a la participación en actividades lúdicas, recreativas, de esparcimiento y deportivas, incluidas las que se realicen dentro del sistema escolar;

e) Asegurar que las personas con discapacidad tengan acceso a los servicios de quienes participan en la organización de actividades recreativas, turísticas, de esparcimiento y deportivas.

Artículo 31. Recopilación de datos y estadísticas

1. Los Estados Partes recopilarán información adecuada, incluidos datos estadísticos y de investigación, que les permita formular y aplicar políticas, a fin de dar efecto a la presente Convención. En el proceso de recopilación y mantenimiento de esta información se deberá:

a) Respetar las garantías legales establecidas, incluida la legislación sobre protección de datos, a fin de asegurar la confidencialidad y el respeto de la privacidad de las personas con discapacidad;

b) Cumplir las normas aceptadas internacionalmente para proteger los derechos humanos y las libertades fundamentales, así como los principios éticos en la recopilación y el uso de estadísticas.

2. La información recopilada de conformidad con el presente artículo se desglosará, en su caso, y se utilizará como ayuda para evaluar el cumplimiento por los Estados Partes de sus obligaciones conforme a la presente Convención, así como para identificar y eliminar las barreras con que se enfrentan las personas con discapacidad en el ejercicio de sus derechos.

3. Los Estados Partes asumirán la responsabilidad de difundir estas estadísticas y asegurar que sean accesibles para las personas con discapacidad y otras personas.

Artículo 32. Cooperación internacional

1. Los Estados Partes reconocen la importancia de la cooperación internacional y su promoción, en apoyo de los esfuerzos nacionales para hacer efectivos el propósito y los objetivos de la presente Convención, y tomarán las medidas pertinentes y efectivas a este respecto, entre los Estados y, cuando corresponda, en asociación con las organizaciones internacionales y regionales pertinentes y la sociedad civil, en particular organizaciones de personas con discapacidad. Entre esas medidas cabría incluir:

a) Velar por que la cooperación internacional, incluidos los programas de desarrollo internacionales, sea inclusiva y accesible para las personas con discapacidad;

b) Facilitar y apoyar el fomento de la capacidad, incluso mediante el intercambio y la distribución de información, experiencias, programas de formación y prácticas recomendadas;

c) Facilitar la cooperación en la investigación y el acceso a conocimientos científicos y técnicos; d) Proporcionar, según corresponda, asistencia apropiada, técnica y económica, incluso facilitando el acceso a tecnologías accesibles y de asistencia y compartiendo esas tecnologías, y mediante su transferencia.

2. Las disposiciones del presente artículo se aplicarán sin perjuicio de las obligaciones que incumban a cada Estado Parte en virtud de la presente Convención.

Artículo 33. Aplicación y seguimiento nacionales

1. Los Estados Partes, de conformidad con su sistema organizativo, designarán uno o más organismos gubernamentales encargados de las cuestiones relativas a la aplicación de la presente Convención y considerarán detenidamente la posibilidad de establecer o designar un mecanismo de coordinación

para facilitar la adopción de medidas al respecto en diferentes sectores y a diferentes niveles.

2. Los Estados Partes, de conformidad con sus sistemas jurídicos y administrativos, mantendrán, reforzarán, designarán o establecerán, a nivel nacional, un marco, que constará de uno o varios mecanismos independientes, para promover, proteger y supervisar la aplicación de la presente Convención. Cuando designen o establezcan esos mecanismos, los Estados Partes tendrán en cuenta los principios relativos a la condición jurídica y el funcionamiento de las instituciones nacionales de protección y promoción de los derechos humanos.

3. La sociedad civil, y en particular las personas con discapacidad y las organizaciones que las representan, estarán integradas y participarán plenamente en todos los niveles del proceso de seguimiento.

Artículo 34. Comité sobre los derechos de las personas con discapacidad

1. Se creará un Comité sobre los Derechos de las Personas con Discapacidad (en adelante, «el Comité») que desempeñará las funciones que se enuncian a continuación.

2. El Comité constará, en el momento en que entre en vigor la presente Convención, de 12 expertos. Cuando la Convención obtenga otras 60 ratificaciones o adhesiones, la composición del Comité se incrementará en seis miembros más, con lo que alcanzará un máximo de 18 miembros.

3. Los miembros del Comité desempeñarán sus funciones a título personal y serán personas de gran integridad moral y reconocida competencia y experiencia en los temas a que se refiere la presente Convención. Se invita a los Estados Partes a que, cuando designen a sus candidatos, tomen debidamente en consideración la disposición que se enuncia en el párrafo 3 del artículo 4 de la presente Convención.

4. Los miembros del Comité serán elegidos por los Estados Partes, que tomarán en consideración una distribución geográfica equitativa, la representación de las diferentes formas de civilización y los principales ordenamientos jurídicos, una representación de género equilibrada y la participación de expertos con discapacidad.

5. Los miembros del Comité se elegirán mediante voto secreto de una lista de personas designadas por los Estados Partes de entre sus nacionales en reuniones de la Conferencia de los Estados Partes. En estas reuniones, en las que dos tercios de los Estados Partes constituirán quórum, las personas

elegidas para el Comité serán las que obtengan el mayor número de votos y una mayoría absoluta de votos de los representantes de los Estados Partes presentes y votantes.

6. La elección inicial se celebrará antes de que transcurran seis meses a partir de la fecha de entrada en vigor de la presente Convención. Por lo menos cuatro meses antes de la fecha de cada elección, el Secretario General de las Naciones Unidas dirigirá una carta a los Estados Partes invitándolos a que presenten sus candidatos en un plazo de dos meses. El Secretario General preparará después una lista en la que figurarán, por orden alfabético, todas las personas así propuestas, con indicación de los Estados Partes que las hayan propuesto, y la comunicará a los Estados Partes en la presente Convención.

7. Los miembros del Comité se elegirán por un período de cuatro años. Podrán ser reelegidos si se presenta de nuevo su candidatura. Sin embargo, el mandato de seis de los miembros elegidos en la primera elección expirará al cabo de dos años; inmediatamente después de la primera elección, los nombres de esos seis miembros serán sacados a suerte por el presidente de la reunión a que se hace referencia en el párrafo 5 del presente artículo.

8. La elección de los otros seis miembros del Comité se hará con ocasión de las elecciones ordinarias, de conformidad con las disposiciones pertinentes del presente artículo.

9. Si un miembro del Comité fallece, renuncia o declara que, por alguna otra causa, no puede seguir desempeñando sus funciones, el Estado Parte que lo propuso designará otro experto que posea las cualificaciones y reúna los requisitos previstos en las disposiciones pertinentes del presente artículo para ocupar el puesto durante el resto del mandato.

10. El Comité adoptará su propio reglamento.

11. El Secretario General de las Naciones Unidas proporcionará el personal y las instalaciones que sean necesarios para el efectivo desempeño de las funciones del Comité con arreglo a la presente Convención y convocará su reunión inicial.

12. Con la aprobación de la Asamblea General de las Naciones Unidas, los miembros del Comité establecido en virtud de la presente Convención percibirán emolumentos con cargo a los recursos de las Naciones Unidas en los términos y condiciones que la Asamblea General decida, tomando en consideración la importancia de las responsabilidades del Comité.

13. Los miembros del Comité tendrán derecho a las facilidades, prerrogativas e inmunidades que se conceden a los expertos que realizan misiones para

las Naciones Unidas, con arreglo a lo dispuesto en las secciones pertinentes de la Convención sobre Prerrogativas e Inmunidades de las Naciones Unidas.

Artículo 35. Informes presentados por los Estados Partes

1. Los Estados Partes presentarán al Comité, por conducto del Secretario General de las Naciones Unidas, un informe exhaustivo sobre las medidas que hayan adoptado para cumplir sus obligaciones conforme a la presente Convención y sobre los progresos realizados al respecto en el plazo de dos años contado a partir de la entrada en vigor de la presente Convención en el Estado Parte de que se trate.

2. Posteriormente, los Estados Partes presentarán informes ulteriores al menos cada cuatro años y en las demás ocasiones en que el Comité se lo solicite.

3. El Comité decidirá las directrices aplicables al contenido de los informes.

4. El Estado Parte que haya presentado un informe inicial exhaustivo al Comité no tendrá que repetir, en sus informes ulteriores, la información previamente facilitada. Se invita a los Estados Partes a que, cuando preparen informes para el Comité, lo hagan mediante un procedimiento abierto y transparente y tengan en cuenta debidamente lo dispuesto en el párrafo 3 del artículo 4 de la presente Convención.

5. En los informes se podrán indicar factores y dificultades que afecten al grado de cumplimiento de las obligaciones contraídas en virtud de la presente Convención.

Artículo 36. Consideración de los informes

1. El Comité considerará todos los informes, hará las sugerencias y las recomendaciones que estime oportunas respecto a ellos y se las remitirá al Estado Parte de que se trate. Éste podrá responder enviando al Comité cualquier información que desee. El Comité podrá solicitar a los Estados Partes más información con respecto a la aplicación de la presente Convención.

2. Cuando un Estado Parte se haya demorado considerablemente en la presentación de un informe, el Comité podrá notificarle la necesidad de examinar la aplicación de la presente Convención en dicho Estado Parte, sobre la base de información fiable que se ponga a disposición del Comité, en caso de que el informe pertinente no se presente en un plazo de tres meses desde la notificación. El Comité invitará al Estado Parte interesado a participar en dicho

examen. Si el Estado Parte respondiera presentando el informe pertinente, se aplicará lo dispuesto en el párrafo 1 del presente artículo.

3. El Secretario General de las Naciones Unidas pondrá los informes a disposición de todos los Estados Partes.

4. Los Estados Partes darán amplia difusión pública a sus informes en sus propios países y facilitarán el acceso a las sugerencias y recomendaciones generales sobre esos informes.

5. El Comité transmitirá, según estime apropiado, a los organismos especializados, los fondos y los programas de las Naciones Unidas, así como a otros órganos competentes, los informes de los Estados Partes, a fin de atender una solicitud o una indicación de necesidad de asesoramiento técnico o asistencia que figure en ellos, junto con las observaciones y recomendaciones del Comité, si las hubiera, sobre esas solicitudes o indicaciones.

Artículo 37. Cooperación entre los Estados Partes y el Comité

1. Los Estados Partes cooperarán con el Comité y ayudarán a sus miembros a cumplir su mandato.

2. En su relación con los Estados Partes, el Comité tomará debidamente en consideración medios y arbitrios para mejorar la capacidad nacional de aplicación de la presente Convención, incluso mediante la cooperación internacional.

Artículo 38. Relación del Comité con otros órganos

A fin de fomentar la aplicación efectiva de la presente Convención y de estimular la cooperación internacional en el ámbito que abarca:

a) Los organismos especializados y demás órganos de las Naciones Unidas tendrán derecho a estar representados en el examen de la aplicación de las disposiciones de la presente Convención que entren dentro de su mandato. El Comité podrá invitar también a los organismos especializados y a otros órganos competentes que considere apropiados a que proporcionen asesoramiento especializado sobre la aplicación de la Convención en los ámbitos que entren dentro de sus respectivos mandatos. El Comité podrá invitar a los organismos especializados y a otros órganos de las Naciones Unidas a que presenten informes sobre la aplicación de la Convención en las esferas que entren dentro de su ámbito de actividades;

b) Al ejercer su mandato, el Comité consultará, según proceda, con otros órganos pertinentes instituidos en virtud de tratados internacionales de derechos humanos, con miras a garantizar la coherencia de sus respectivas directrices de presentación de informes, sugerencias y recomendaciones generales y a evitar la duplicación y la superposición de tareas en el ejercicio de sus funciones.

Artículo 39. Informe del Comité

El Comité informará cada dos años a la Asamblea General y al Consejo Económico y Social sobre sus actividades y podrá hacer sugerencias y recomendaciones de carácter general basadas en el examen de los informes y datos recibidos de los Estados Partes en la Convención. Esas sugerencias y recomendaciones de carácter general se incluirán en el informe del Comité, junto con los comentarios, si los hubiera, de los Estados Partes.

Artículo 40. Conferencia de los Estados Partes

1. Los Estados Partes se reunirán periódicamente en una Conferencia de los Estados Partes, a fin de considerar todo asunto relativo a la aplicación de la presente Convención.

2. El Secretario General de las Naciones Unidas convocará la Conferencia de los Estados Partes en un plazo que no superará los seis meses contados a partir de la entrada en vigor de la presente Convención. Las reuniones ulteriores, con periodicidad bienal o cuando lo decida la Conferencia de los Estados Partes, serán convocadas por el Secretario General.

Artículo 41. Depositario

El Secretario General de las Naciones Unidas será el depositario de la presente Convención.

Artículo 42. Firma

La presente Convención estará abierta a la firma de todos los Estados y las organizaciones regionales de integración en la Sede de las Naciones Unidas, en Nueva York, a partir del 30 de marzo de 2007.

Artículo 43. Consentimiento en obligarse

La presente Convención estará sujeta a la ratificación de los Estados signatarios y a la confirmación oficial de las organizaciones regionales de integración signatarias. Estará abierta a la adhesión de cualquier Estado u organización regional de integración que no la haya firmado.

Artículo 44. Organizaciones regionales de integración

1. Por «organización regional de integración» se entenderá una organización constituida por Estados soberanos de una región determinada a la que sus Estados miembros hayan transferido competencia respecto de las cuestiones regidas por la presente Convención. Esas organizaciones declararán, en sus instrumentos de confirmación oficial o adhesión, su grado de competencia con respecto a las cuestiones regidas por la presente Convención. Posteriormente, informarán al depositario de toda modificación sustancial de su grado de competencia.

2. Las referencias a los «Estados Partes» con arreglo a la presente Convención serán aplicables a esas organizaciones dentro de los límites de su competencia.

3. A los efectos de lo dispuesto en el párrafo 1 del artículo 45 y en los párrafos 2 y 3 del artículo 47 de la presente Convención, no se tendrá en cuenta ningún instrumento depositado por una organización regional de integración.

4. Las organizaciones regionales de integración, en asuntos de su competencia, ejercerán su derecho de voto en la Conferencia de los Estados Partes, con un número de votos igual al número de sus Estados miembros que sean Partes en la presente Convención. Dichas organizaciones no ejercerán su derecho de voto si sus Estados miembros ejercen el suyo, y viceversa.

Artículo 45. Entrada en vigor

1. La presente Convención entrará en vigor el trigésimo día a partir de la fecha en que haya sido depositado el vigésimo instrumento de ratificación o adhesión.

2. Para cada Estado y organización regional de integración que ratifique la Convención, se adhiera a ella o la confirme oficialmente una vez que haya sido depositado el vigésimo instrumento a sus efectos, la Convención entrará en vigor el trigésimo día a partir de la fecha en que haya sido depositado su propio instrumento.

Artículo 46. Reservas

1. No se permitirán reservas incompatibles con el objeto y el propósito de la presente Convención.

2. Las reservas podrán ser retiradas en cualquier momento.

Artículo 47. Enmiendas

1. Los Estados Partes podrán proponer enmiendas a la presente Convención y presentarlas al Secretario General de las Naciones Unidas. El Secretario General comunicará las enmiendas propuestas a los Estados Partes, pidiéndoles que le notifiquen si desean que se convoque una conferencia de Estados Partes con el fin de examinar la propuesta y someterla a votación. Si dentro de los cuatro meses siguientes a la fecha de esa notificación, al menos un tercio de los Estados Partes se declara a favor de tal convocatoria, el Secretario General convocará una conferencia bajo los auspicios de las Naciones Unidas. Toda enmienda adoptada por mayoría de dos tercios de los Estados Partes presentes y votantes en la conferencia será sometida por el Secretario General a la Asamblea General de las Naciones Unidas para su aprobación y posteriormente a los Estados Partes para su aceptación.

2. Toda enmienda adoptada y aprobada conforme a lo dispuesto en el párrafo 1 del presente artículo entrará en vigor el trigésimo día a partir de la fecha en que el número de instrumentos de aceptación depositados alcance los dos tercios del número de Estados Partes que había en la fecha de adopción de la enmienda. Posteriormente, la enmienda entrará en vigor para todo Estado Parte el trigésimo día a partir de aquel en que hubiera depositado su propio instrumento de aceptación. Las enmiendas serán vinculantes exclusivamente para los Estados Partes que las hayan aceptado.

3. En caso de que así lo decida la Conferencia de los Estados Partes por consenso, las enmiendas adoptadas y aprobadas de conformidad con lo dispuesto en el párrafo 1 del presente artículo que guarden relación exclusivamente con los artículos 34, 38, 39 y 40 entrarán en vigor para todos los Estados Partes el trigésimo día a partir de aquel en que el número de instrumentos de aceptación depositados alcance los dos tercios del número de Estados Partes que hubiera en la fecha de adopción de la enmienda.

Artículo 48. Denuncia

Los Estados Partes podrán denunciar la presente Convención mediante notificación escrita dirigida al Secretario General de las Naciones Unidas. La denuncia tendrá efecto un año después de que el Secretario General haya recibido la notificación.

Artículo 49. Formato accesible

El texto de la presente Convención se difundirá en formatos accesibles.

Artículo 50. Textos auténticos

Los textos en árabe, chino, español, francés, inglés y ruso de la presente Convención serán igualmente auténticos.

EN TESTIMONIO DE LO CUAL, los plenipotenciarios abajo firmantes, debidamente autorizados por sus respectivos gobiernos, firman la presente Convención.

Convención contra la Tortura y Otros Tratos o Penas Crueles, Inhumanos o Degradantes

Adoptada y abierta a la firma, ratificación y adhesión por la Asamblea General en su resolución 39/46, de 10 de diciembre de 1984

Entrada en vigor: 26 de junio de 1987, de conformidad con el artículo 27 (1)

Los Estados Partes en la presente Convención,

Considerando que, de conformidad con los principios proclamados en la Carta de las Naciones Unidas, el reconocimiento de los derechos iguales e inalienables de todos los miembros de la familia humana es la base de la libertad, la justicia y la paz en el mundo,

Reconociendo que estos derechos emanan de la dignidad inherente de la persona humana,

Considerando la obligación que incumbe a los Estados en virtud de la Carta, en particular del Artículo 55, de promover el respeto universal y la observancia de los derechos humanos y las libertades fundamentales,

Teniendo en cuenta el artículo 5 de la Declaración Universal de Derechos Humanos y el artículo 7 del Pacto Internacional de Derechos Civiles y Políticos, que proclaman que nadie será sometido a tortura ni a tratos o penas crueles, inhumanos o degradantes,

Teniendo en cuenta asimismo la Declaración sobre la Protección de Todas las Personas contra la Tortura y Otros Tratos o Penas Crueles, Inhumanos o Degradantes, aprobada por la Asamblea General el 9 de diciembre de 1975,

Deseando hacer más eficaz la lucha contra la tortura y otros tratos o penas crueles, inhumanos o degradantes en todo el mundo,

Han convenido en lo siguiente:

Parte I

Artículo 1

1. A los efectos de la presente Convención, se entenderá por el término «tortura» todo acto por el cual se inflija intencionadamente a una persona dolores o sufrimientos graves, ya sean físicos o mentales, con el fin de obtener

de ella o de un tercero información o una confesión, de castigarla por un acto que haya cometido, o se sospeche que ha cometido, o de intimidar o coaccionar a esa persona o a otras, o por cualquier razón basada en cualquier tipo de discriminación, cuando dichos dolores o sufrimientos sean infligidos por un funcionario público u otra persona en el ejercicio de funciones públicas, a instigación suya, o con su consentimiento o aquiescencia. No se considerarán torturas los dolores o sufrimientos que sean consecuencia únicamente de sanciones legítimas, o que sean inherentes o incidentales a éstas.

2. El presente artículo se entenderá sin perjuicio de cualquier instrumento internacional o legislación nacional que contenga o pueda contener disposiciones de mayor alcance.

Artículo 2

1. Todo Estado Parte tomará medidas legislativas, administrativas, judiciales o de otra índole eficaces para impedir los actos de tortura en todo territorio que esté bajo su jurisdicción.

2. En ningún caso podrán invocarse circunstancias excepcionales tales como estado de guerra o amenaza de guerra, inestabilidad política interna o cualquier otra emergencia pública como justificación de la tortura.

3. No podrá invocarse una orden de un funcionario superior o de una autoridad pública como justificación de la tortura.

Artículo 3

1. Ningún Estado Parte procederá a la expulsión, devolución o extradición de una persona a otro Estado cuando haya razones fundadas para creer que estaría en peligro de ser sometida a tortura.

2. A los efectos de determinar si existen esas razones, las autoridades competentes tendrán en cuenta todas las consideraciones pertinentes, inclusive, cuando proceda, la existencia en el Estado de que se trate de un cuadro persistente de violaciones manifiestas, patentes o masivas de los derechos humanos.

Artículo 4

1. Todo Estado Parte velará por que todos los actos de tortura constituyan delitos conforme a su legislación penal. Lo mismo se aplicará a toda tentativa de cometer tortura y a todo acto de cualquier persona que constituya complicidad o participación en la tortura.

2. Todo Estado Parte castigará esos delitos con penas adecuadas en las que se tenga en cuenta su gravedad.

Artículo 5

1. Todo Estado Parte dispondrá lo que sea necesario para instituir su jurisdicción sobre los delitos a que se refiere el artículo 4 en los siguientes casos:

a) Cuando los delitos se cometan en cualquier territorio bajo su jurisdicción o a bordo de una aeronave o un buque matriculados en ese Estado;

b) Cuando el presunto delincuente sea nacional de ese Estado;

c) Cuando la víctima sea nacional de ese Estado y éste lo considere apropiado.

2. Todo Estado Parte tomará asimismo las medidas necesarias para establecer su jurisdicción sobre estos delitos en los casos en que el presunto delincuente se halle en cualquier territorio bajo su jurisdicción y dicho Estado no conceda la extradición, con arreglo al artículo 8, a ninguno de los Estados previstos en el párrafo 1 del presente artículo.

3. La presente Convención no excluye ninguna jurisdicción penal ejercida de conformidad con las leyes nacionales.

Artículo 6

1. Todo Estado Parte en cuyo territorio se encuentre la persona de la que se supone que ha cometido cualquiera de los delitos a que se hace referencia en el artículo 4, si, tras examinar la información de que dispone, considera que las circunstancias lo justifican, procederá a la detención de dicha persona o tomará otras medidas para asegurar su presencia. La detención y demás medidas se llevarán a cabo de conformidad con las leyes de tal Estado y se mantendrán solamente por el período que sea necesario a fin de permitir la iniciación de un procedimiento penal o de extradición.

2. Tal Estado procederá inmediatamente a una investigación preliminar de los hechos.

3. La persona detenida de conformidad con el párrafo 1 del presente artículo tendrá toda clase de facilidades para comunicarse inmediatamente con el representante correspondiente del Estado de su nacionalidad que se encuentre más próximo o, si se trata de un apátrida, con el representante del Estado en que habitualmente resida.

4. Cuando un Estado, en virtud del presente artículo, detenga a una persona, notificará inmediatamente tal detención y las circunstancias que la jus-

tifican a los Estados a que se hace referencia en el párrafo 1 del artículo 5. El Estado que proceda a la investigación preliminar prevista en el párrafo 2 del presente artículo comunicará sin dilación sus resultados a los Estados antes mencionados e indicará si se propone ejercer su jurisdicción.

Artículo 7

1. El Estado Parte en el territorio de cuya jurisdicción sea hallada la persona de la cual se supone que ha cometido cualquiera de los delitos a que se hace referencia en el artículo 4, en los supuestos previstos en el artículo 5, si no procede a su extradición, someterá el caso a sus autoridades competentes a efectos de enjuiciamiento.

2. Dichas autoridades tomarán su decisión en las mismas condiciones que las aplicables a cualquier delito de carácter grave, de acuerdo con la legislación de tal Estado. En los casos previstos en el párrafo 2 del artículo 5, el nivel de las pruebas necesarias para el enjuiciamiento o inculpación no será en modo alguno menos estricto que el que se aplica en los casos previstos en el párrafo 1 del artículo 5.

3. Toda persona encausada en relación con cualquiera de los delitos mencionados en el artículo 4 recibirá garantías de un trato justo en todas las fases del procedimiento.

Artículo 8

1. Los delitos a que se hace referencia en el artículo 4 se considerarán incluidos entre los delitos que dan lugar a extradición en todo tratado de extradición celebrado entre Estados Partes. Los Estados Partes se comprometen a incluir dichos delitos como caso de extradición en todo tratado de extradición que celebren entre sí en el futuro.

2. Todo Estado Parte que subordine la extradición a la existencia de un tratado, si recibe de otro Estado Parte con el que no tiene tratado al respecto una solicitud de extradición, podrá considerar la presente Convención como la base jurídica necesaria para la extradición referente a tales delitos. La extradición estará sujeta a las demás condiciones exigibles por el derecho del Estado requerido.

3. Los Estados Partes que no subordinen la extradición a la existencia de un tratado reconocerán dichos delitos como casos de extradición entre ellos, a reserva de las condiciones exigidas por el derecho del Estado requerido.

4. A los fines de la extradición entre Estados Partes, se considerará que los delitos se han cometido, no solamente en el lugar donde ocurrieron, sino también en el territorio de los Estados obligados a establecer su jurisdicción de acuerdo con el párrafo 1 del artículo 5.

Artículo 9

1. Los Estados Partes se prestarán todo el auxilio posible en lo que respecta a cualquier procedimiento penal relativo a los delitos previstos en el artículo 4, inclusive el suministro de todas las pruebas necesarias para el proceso que obren en su poder.

2. Los Estados Partes cumplirán las obligaciones que les incumben en virtud del párrafo 1 del presente artículo de conformidad con los tratados de auxilio judicial mutuo que existan entre ellos.

Artículo 10

1. Todo Estado Parte velará por que se incluyan una educación y una información completas sobre la prohibición de la tortura en la formación profesional del personal encargado de la aplicación de la ley, sea éste civil o militar, del personal médico, de los funcionarios públicos y otras personas que puedan participar en la custodia, el interrogatorio o el tratamiento de cualquier persona sometida a cualquier forma de arresto, detención o prisión.

2. Todo Estado Parte incluirá esta prohibición en las normas o instrucciones que se publiquen en relación con los deberes y funciones de esas personas.

Artículo 11

Todo Estado Parte mantendrá sistemáticamente en examen las normas e instrucciones, métodos y prácticas de interrogatorio, así como las disposiciones para la custodia y el tratamiento de las personas sometidas a cualquier forma de arresto, detención o prisión en cualquier territorio que esté bajo su jurisdicción, a fin de evitar todo caso de tortura.

Artículo 12

Todo Estado Parte velará por que, siempre que haya motivos razonables para creer que dentro de su jurisdicción se ha cometido un acto de tortura, las autoridades competentes procedan a una investigación pronta e imparcial.

Artículo 13

Todo Estado Parte velará por que toda persona que alegue haber sido sometida a tortura en cualquier territorio bajo su jurisdicción tenga derecho a presentar una queja y a que su caso sea pronta e imparcialmente examinado por sus autoridades competentes. Se tomarán medidas para asegurar que quien presente la queja y los testigos estén protegidos contra malos tratos o intimidación como consecuencia de la queja o del testimonio prestado.

Artículo 14

1. Todo Estado Parte velará por que su legislación garantice a la víctima de un acto de tortura la reparación y el derecho a una indemnización justa y adecuada, incluidos los medios para su rehabilitación lo más completa posible. En caso de muerte de la víctima como resultado de un acto de tortura, las personas a su cargo tendrán derecho a indemnización.

2. Nada de lo dispuesto en el presente artículo afectará a cualquier derecho de la víctima o de otra persona a indemnización que pueda existir con arreglo a las leyes nacionales.

Artículo 15

Todo Estado Parte se asegurará de que ninguna declaración que se demuestre que ha sido hecha como resultado de tortura pueda ser invocada como prueba en ningún procedimiento, salvo en contra de una persona acusada de tortura como prueba de que se ha formulado la declaración.

Artículo 16

1. Todo Estado Parte se comprometerá a prohibir en cualquier territorio bajo su jurisdicción otros actos que constituyan tratos o penas crueles, inhumanos o degradantes y que no lleguen a ser tortura tal como se define en el artículo 1, cuando esos actos sean cometidos por un funcionario público u otra persona que actúe en el ejercicio de funciones oficiales, o por instigación o con el consentimiento o la aquiescencia de tal funcionario o persona. Se aplicarán, en particular, las obligaciones enunciadas en los artículos 10, 11, 12 y 13, sustituyendo las referencias a la tortura por referencias a otras formas de tratos o penas crueles, inhumanos o degradantes.

2. La presente Convención se entenderá sin perjuicio de lo dispuesto en otros instrumentos internacionales o leyes nacionales que prohíban los tratos y las penas crueles, inhumanos o degradantes o que se refieran a la extradición o expulsión.

Parte II

Artículo 17

1. Se constituirá un Comité contra la Tortura (denominado en lo que sigue el Comité), el cual desempeñará las funciones que se señalan más adelante. El Comité estará compuesto de diez expertos de gran integridad moral y reconocida competencia en materia de derechos humanos, que ejercerán sus funciones a título personal. Los expertos serán elegidos por los Estados Partes teniendo en cuenta una distribución geográfica equitativa y la utilidad de la participación de algunas personas que tengan experiencia jurídica.

2. Los miembros del Comité serán elegidos en votación secreta de una lista de personas designadas por los Estados Partes. Cada uno de los Estados Partes podrá designar una persona entre sus propios nacionales. Los Estados Partes tendrán presente la utilidad de designar personas que sean también miembros del Comité de Derechos Humanos establecido con arreglo al Pacto Internacional de Derechos Civiles y Políticos y que estén dispuestas a prestar servicio en el Comité constituido con arreglo a la presente Convención.

3. Los miembros del Comité serán elegidos en reuniones bienales de los Estados Partes convocadas por el Secretario General de las Naciones Unidas. En estas reuniones, para las cuales formarán quórum dos tercios de los Estados Partes, se considerarán elegidos para el Comité los candidatos que obtengan el mayor número de votos y la mayoría absoluta de los votos de los representantes de los Estados Partes presentes y votantes.

4. La elección inicial se celebrará a más tardar seis meses después de la fecha de entrada en vigor de la presente Convención. Al menos cuatro meses antes de la fecha de cada elección, el Secretario General de las Naciones Unidas dirigirá una carta a los Estados Partes invitándoles a que presenten sus candidaturas en un plazo de tres meses. El Secretario General preparará una lista por orden alfabético de todas las personas designadas de este modo, indicando los Estados Partes que las han designado, y la comunicará a los Estados Partes.

5. Los miembros del Comité serán elegidos por cuatro años. Podrán ser reelegidos si se presenta de nuevo su candidatura. No obstante, el mandato de cinco de los miembros elegidos en la primera elección expirará al cabo de dos años; inmediatamente después de la primera elección, el presidente de la reunión a que se hace referencia en el párrafo 3 del presente artículo designará por sorteo los nombres de esos cinco miembros.

6. Si un miembro del Comité muere o renuncia o por cualquier otra causa no puede ya desempeñar sus funciones en el Comité, el Estado Parte que presentó su candidatura designará entre sus nacionales a otro experto para que desempeñe sus funciones durante el resto de su mandato, a reserva de la aprobación de la mayoría de los Estados Partes. Se considerará otorgada dicha aprobación a menos que la mitad o más de los Estados Partes respondan negativamente dentro de un plazo de seis semanas a contar del momento en que el Secretario General de las Naciones Unidas les comunique la candidatura propuesta.

7. Los Estados Partes sufragarán los gastos de los miembros del Comité mientras éstos desempeñen sus funciones.

Artículo 18

1. El Comité elegirá su Mesa por un período de dos años. Los miembros de la Mesa podrán ser reelegidos.

2. El Comité establecerá su propio reglamento, en el cual se dispondrá, entre otras cosas, que:

a) Seis miembros constituirán quórum;

b) Las decisiones del Comité se tomarán por mayoría de votos de los miembros presentes.

3. El Secretario General de las Naciones Unidas proporcionará el personal y los servicios necesarios para el desempeño eficaz de las funciones del Comité en virtud de la presente Convención.

4. El Secretario General de las Naciones Unidas convocará la primera reunión del Comité. Después de su primera reunión, el Comité se reunirá en las ocasiones que se prevean en su reglamento.

5. Los Estados Partes serán responsables de los gastos que se efectúen en relación con la celebración de reuniones de los Estados Partes y del Comité, incluyendo el reembolso a las Naciones Unidas de cualesquiera gastos, tales como los de personal y los de servicios, que hagan las Naciones Unidas conforme al párrafo 3 del presente artículo.

Artículo 19

1. Los Estados Partes presentarán al Comité, por conducto del Secretario General de las Naciones Unidas, los informes relativos a las medidas que hayan adoptado para dar efectividad a los compromisos que han contraído en virtud de la presente Convención, dentro del plazo del año siguiente a la entrada en

vigor de la Convención en lo que respecta al Estado Parte interesado. A partir de entonces, los Estados Partes presentarán informes suplementarios cada cuatro años sobre cualquier nueva disposición que se haya adoptado, así como los demás informes que solicite el Comité.

2. El Secretario General de las Naciones Unidas transmitirá los informes a todos los Estados Partes.

3. Todo informe será examinado por el Comité, el cual podrá hacer los comentarios generales que considere oportunos y los transmitirá al Estado Parte interesado. El Estado Parte podrá responder al Comité con las observaciones que desee formular.

4. El Comité podrá, a su discreción, tomar la decisión de incluir cualquier comentario que haya formulado de conformidad con el párrafo 3 del presente artículo, junto con las observaciones al respecto recibidas del Estado Parte interesado, en su informe anual presentado de conformidad con el artículo 24. Si lo solicitara el Estado Parte interesado, el Comité podrá también incluir copia del informe presentado en virtud del párrafo 1 del presente artículo.

Artículo 20

1. El Comité, si recibe información fiable que a su juicio parezca indicar de forma fundamentada que se practica sistemáticamente la tortura en el territorio de un Estado Parte, invitará a ese Estado Parte a cooperar en el examen de la información y a tal fin presentar observaciones con respecto a la información de que se trate.

2. Teniendo en cuenta todas las observaciones que haya presentado el Estado Parte de que se trate, así como cualquier otra información pertinente de que disponga, el Comité podrá, si decide que ello está justificado, designar a uno o varios de sus miembros para que procedan a una investigación confidencial e informen urgentemente al Comité.

3. Si se hace una investigación conforme al párrafo 2 del presente artículo, el Comité recabará la cooperación del Estado Parte de que se trate, de acuerdo con ese Estado Parte, tal investigación podrá incluir una visita a su territorio.

4. Después de examinar las conclusiones presentadas por el miembro o miembros conforme al párrafo 2 del presente artículo, el Comité transmitirá las conclusiones al Estado Parte de que se trate, junto con las observaciones o sugerencias que estime pertinentes en vista de la situación.

5. Todas las actuaciones del Comité a las que se hace referencia en los párrafos 1 a 4 del presente artículo serán confidenciales y se recabará la coo-

peración del Estado Parte en todas las etapas de las actuaciones. Cuando se hayan concluido actuaciones relacionadas con una investigación hecha conforme al párrafo 2, el Comité podrá, tras celebrar consultas con el Estado Parte interesado, tomar la decisión de incluir un resumen de los resultados de la investigación en el informe anual que presente conforme al artículo 24.

Artículo 21

1. Con arreglo al presente artículo, todo Estado Parte en la presente Convención podrá declarar en cualquier momento que reconoce la competencia del Comité para recibir y examinar las comunicaciones en que un Estado Parte alegue que otro Estado Parte no cumple las obligaciones que le impone la Convención. Dichas comunicaciones sólo se podrán admitir y examinar conforme al procedimiento establecido en este artículo si son presentadas por un Estado Parte que haya hecho una declaración por la cual reconozca con respecto a sí mismo la competencia del Comité. El Comité no tramitará de conformidad con este artículo ninguna comunicación relativa a un Estado Parte que no haya hecho tal declaración. Las comunicaciones recibidas en virtud del presente artículo se tramitarán de conformidad con el procedimiento siguiente:

a) Si un Estado Parte considera que otro Estado Parte no cumple las disposiciones de la presente Convención podrá señalar el asunto a la atención de dicho Estado mediante una comunicación escrita. Dentro de un plazo de tres meses, contado desde la fecha de recibo de la comunicación, el Estado destinatario proporcionará al Estado que haya enviado la comunicación una explicación o cualquier otra declaración por escrito que aclare el asunto, la cual hará referencia, hasta donde sea posible y pertinente, a los procedimientos nacionales y a los recursos adoptados, en trámite o que puedan utilizarse al respecto;

b) Si el asunto no se resuelve a satisfacción de los dos Estados Partes interesados en un plazo de seis meses contado desde la fecha en que el Estado destinatario haya recibido la primera comunicación, cualquiera de ambos Estados Partes interesados tendrá derecho a someterlo al Comité, mediante notificación dirigida al Comité y al otro Estado;

c) El Comité conocerá de todo asunto que se le someta en virtud del presente artículo después de haberse cerciorado de que se ha interpuesto y agotado en tal asunto todos los recursos de la jurisdicción interna de que se pueda disponer, de conformidad con los principios del derecho internacional generalmente admitidos. No se aplicará esta regla cuando la tramitación de los mencionados recursos se prolongue injustificadamente o no sea probable que mejore realmente la situación de la persona que sea víctima de la violación de la presente Convención;

d) El Comité celebrará sus sesiones a puerta cerrada cuando examine las comunicaciones previstas en el presente artículo;

e) A reserva de las disposiciones del apartado c, el Comité pondrá sus buenos oficios a disposición de los Estados Partes interesados a fin de llegar a una solución amistosa del asunto, fundada en el respeto de las obligaciones establecidas en la presente Convención. A tal efecto, el Comité podrá designar, cuando proceda, una comisión especial de conciliación;

f) En todo asunto que se le someta en virtud del presente artículo, el Comité podrá pedir a los Estados Partes interesados a que se hace referencia en el apartado b que faciliten cualquier información pertinente;

g) Los Estados Partes interesados a que se hace referencia en el apartado b tendrán derecho a estar representados cuando el asunto se examine en el Comité y a presentar exposiciones verbalmente o por escrito, o de ambas maneras;

h) El Comité, dentro de los doce meses siguientes a la fecha de recibo de la notificación mencionada en el apartado b, presentará un informe en el cual:

i) Si se ha llegado a una solución con arreglo a lo dispuesto en el apartado e, se limitará a una breve exposición de los hechos y de la solución alcanzada;

ii) Si no se ha llegado a ninguna solución con arreglo a lo dispuesto en el apartado e, se limitará a una breve exposición de los hechos y agregará las exposiciones escritas y las actas de las exposiciones verbales que hayan hecho los Estados Partes interesados.

En cada asunto, se enviará el informe a los Estados Partes interesados.

2. Las disposiciones del presente artículo entrarán en vigor cuando cinco Estados Partes en la presente Convención hayan hecho las declaraciones a que se hace referencia en el apartado 1 de este artículo. Tales declaraciones serán depositadas por los Estados Partes en poder del Secretario General de las Naciones Unidas, quien remitirá copia de las mismas a los demás Estados Partes. Toda declaración podrá retirarse en cualquier momento mediante notificación dirigida al Secretario General. Tal retiro no será obstáculo para que se examine cualquier asunto que sea objeto de una comunicación ya transmitida en virtud de este artículo; no se admitirá en virtud de este artículo ninguna nueva comunicación de un Estado Parte una vez que el Secretario General haya recibido la notificación de retiro de la declaración, a menos que el Estado Parte interesado haya hecho una nueva declaración.

Artículo 22

1. Todo Estado Parte en la presente Convención podrá declarar en cualquier momento, de conformidad con el presente artículo, que reconoce la competencia del Comité para recibir y examinar las comunicaciones enviadas por personas sometidas a su jurisdicción, o en su nombre, que aleguen ser víctimas de una violación por un Estado Parte de las disposiciones de la Convención. El Comité no admitirá ninguna comunicación relativa a un Estado Parte que no haya hecho esa declaración.

2. El Comité considerará inadmisible toda comunicación recibida de conformidad con el presente artículo que sea anónima, o que, a su juicio, constituya un abuso del derecho de presentar dichas comunicaciones, o que sea incompatible con las disposiciones de la presente Convención.

3. Sin perjuicio de lo dispuesto en el párrafo 2, el Comité señalará las comunicaciones que se le presenten de conformidad con este artículo a la atención del Estado Parte en la presente Convención que haya hecho una declaración conforme al párrafo 1 y respecto del cual se alegue que ha violado cualquier disposición de la Convención. Dentro de un plazo de seis meses, el Estado destinatario proporcionará al Comité explicaciones o declaraciones por escrito que aclaren el asunto y expongan, en su caso, la medida correcta que ese Estado haya adoptado.

4. El Comité examinará las comunicaciones recibidas de conformidad con el presente artículo, a la luz de toda la información puesta a su disposición por la persona de que se trate, o en su nombre, y por el Estado Parte interesado.

5. El Comité no examinará ninguna comunicación de una persona, presentada de conformidad con este artículo, a menos que se haya cerciorado de que:

a) La misma cuestión no ha sido, ni está siendo, examinada según otro procedimiento de investigación o solución internacional;

b) La persona ha agotado todos los recursos de la jurisdicción interna de que se pueda disponer; no se aplicará esta regla cuando la tramitación de los mencionados recursos se prolongue injustificadamente o no sea probable que mejore realmente la situación de la persona que sea víctima de la violación de la presente Convención.

6. El Comité celebrará sus sesiones a puerta cerrada cuando examine las comunicaciones previstas en el presente artículo.

7. El Comité comunicará su parecer al Estado Parte interesado y a la persona de que se trate.

8. Las disposiciones del presente artículo entrarán en vigor cuando cinco Estados Partes en la presente Convención hayan hecho las declaraciones a que se hace referencia en el párrafo 1 de este artículo. Tales declaraciones serán depositadas por los Estados Partes en poder del Secretario General de las Naciones Unidas, quien remitirá copia de las mismas a los demás Estados Partes. Toda declaración podrá retirarse en cualquier momento mediante notificación dirigida al Secretario General. Tal retiro no será obstáculo para que se examine cualquier asunto que sea objeto de una comunicación ya transmitida en virtud de este artículo; no se admitirá en virtud de este artículo ninguna nueva comunicación de una persona, o hecha en su nombre, una vez que el Secretario General haya recibido la notificación de retiro de la declaración, a menos que el Estado Parte interesado haya hecho una nueva declaración.

Artículo 23

Los miembros del Comité y los miembros de las comisiones especiales de conciliación designados conforme al apartado e del párrafo 1 del artículo 21 tendrán derecho a las facilidades, privilegios e inmunidades que se conceden a los expertos que desempeñan misiones para las Naciones Unidas, con arreglo a lo dispuesto en las secciones pertinentes de la Convención sobre Prerrogativas e Inmunidades de las Naciones Unidas.

Artículo 24

El Comité presentará un informe anual sobre sus actividades en virtud de la presente Convención a los Estados Partes y a la Asamblea General de las Naciones Unidas.

Parte III

Artículo 25

1. La presente Convención está abierta a la firma de todos los Estados.

2. La presente Convención está sujeta a ratificación. Los instrumentos de ratificación se depositarán en poder del Secretario General de las Naciones Unidas.

Artículo 26

La presente Convención estará abierta a la adhesión de todos los Estados. La adhesión se efectuará mediante el depósito de un instrumento de adhesión en poder del Secretario General de las Naciones Unidas.

Artículo 27

1. La presente Convención entrará en vigor el trigésimo día a partir de la fecha en que haya sido depositado el vigésimo instrumento de ratificación o de adhesión en poder del Secretario General de las Naciones Unidas.

2. Para cada Estado que ratifique la presente Convención o se adhiera a ella después de haber sido depositado el vigésimo instrumento de ratificación o de adhesión, la Convención entrará en vigor el trigésimo día a partir de la fecha en que tal Estado haya depositado su instrumento de ratificación o de adhesión.

Artículo 28

1. Todo Estado podrá declarar, en el momento de la firma o ratificación de la presente Convención o de la adhesión a ella, que no reconoce la competencia del Comité según se establece en el artículo 20.

2. Todo Estado Parte que haya formulado una reserva de conformidad con el párrafo 1 del presente artículo podrá dejar sin efecto esta reserva en cualquier momento mediante notificación al Secretario General de las Naciones Unidas.

Artículo 29

1. Todo Estado Parte en la presente Convención podrá proponer una enmienda y depositarla en poder del Secretario General de las Naciones Unidas. El Secretario General de las Naciones Unidas comunicará la enmienda propuesta a los Estados Partes, pidiéndoles que le notifiquen si desean que se convoque una conferencia de Estados Partes con el fin de examinar la propuesta y someterla a votación. Si dentro de los cuatro meses siguientes a la fecha de esa notificación un tercio al menos de los Estados Partes se declara a favor de tal convocatoria, el Secretario General convocará una conferencia con los auspicios de las Naciones Unidas. Toda enmienda adoptada por la mayoría de Estados Partes presentes y votantes en la conferencia será sometida por el Secretario General a todos los Estados Partes para su aceptación.

2. Toda enmienda adoptada de conformidad con el párrafo 1 del presente artículo entrará en vigor cuando dos tercios de los Estados Partes en la presente Convención hayan notificado al Secretario General de las Naciones Unidas que la han aceptado de conformidad con sus respectivos procedimientos constitucionales.

3. Cuando las enmiendas entren en vigor serán obligatorias para los Estados Partes que las hayan aceptado, en tanto que los demás Estados Partes

seguirán obligados por las disposiciones de la presente Convención y por las enmiendas anteriores que hayan aceptado.

Artículo 30

1. Las controversias que surjan entre dos o más Estados Partes con respecto a la interpretación o aplicación de la presente Convención, que no puedan solucionarse mediante negociaciones, se someterán a arbitraje, a petición de uno de ellos. Si en el plazo de seis meses contados a partir de la fecha de presentación de la solicitud de arbitraje las Partes no consiguen ponerse de acuerdo sobre la forma del mismo, cualquiera de las Partes podrá someter la controversia a la Corte Internacional de Justicia, mediante una solicitud presentada de conformidad con el Estatuto de la Corte.

2. Todo Estado, en el momento de la firma o ratificación de la presente Convención o de su adhesión a la misma, podrá declarar que no se considera obligado por el párrafo 1 del presente artículo. Los demás Estados Partes no estarán obligados por dicho párrafo ante ningún Estado Parte que haya formulado dicha reserva.

3. Todo Estado Parte que haya formulado la reserva prevista en el párrafo 2 del presente artículo podrá retirarla en cualquier momento notificándolo al Secretario General de las Naciones Unidas.

Artículo 31

1. Todo Estado Parte podrá denunciar la presente Convención mediante notificación hecha por escrito al Secretario General de las Naciones Unidas. La denuncia surtirá efecto un año después de la fecha en que la notificación haya sido recibida por el Secretario General.

2. Dicha denuncia no eximirá al Estado Parte de las obligaciones que le impone la presente Convención con respecto a toda acción u omisión ocurrida antes de la fecha en que haya surtido efecto la denuncia, ni la denuncia entrañará tampoco la suspensión del examen de cualquier asunto que el Comité haya empezado a examinar antes de la fecha en que surta efecto la denuncia.

3. A partir de la fecha en que surta efecto la denuncia de un Estado Parte, el Comité no iniciará el examen de ningún nuevo asunto referente a ese Estado.

Artículo 32

El Secretario General de las Naciones Unidas comunicará a todos los Estados Miembros de las Naciones Unidas y a todos los Estados que hayan firmado la presente Convención o se hayan adherido a ella:

a) Las firmas, ratificaciones y adhesiones con arreglo a los artículos 25 y 26;

b) La fecha de entrada en vigor de la presente Convención con arreglo al artículo 27, y la fecha de entrada en vigor de las enmiendas con arreglo al artículo 29;

c) Las denuncias con arreglo al artículo 31.

Artículo 33

1. La presente Convención, cuyos textos en árabe, chino, español, francés, inglés y ruso son igualmente auténticos, se depositará en poder del Secretario General de las Naciones Unidas.

2. El Secretario General de las Naciones Unidas remitirá copias certificadas de la presente Convención a todos los Estados.

Convención Americana sobre Derechos Humanos
San José, Costa Rica 7 al 22 de noviembre de 1969

Preámbulo

Los Estados Americanos signatarios de la presente Convención,

Reafirmando su propósito de consolidar en este Continente, dentro del cuadro de las instituciones democráticas, un régimen de libertad personal y de justicia social, fundado en el respeto de los derechos esenciales del hombre;

Reconociendo que los derechos esenciales del hombre no nacen del hecho de ser nacional de determinado Estado, sino que tienen como fundamento los atributos de la persona humana, razón por la cual justifican una protección internacional, de naturaleza convencional coadyuvante o complementaria de la que ofrece el derecho interno de los Estados americanos;

Considerando que estos principios han sido consagrados en la Carta de la Organización de los Estados Americanos, en la Declaración Americana de los Derechos y Deberes del Hombre y en la Declaración Universal de los Derechos Humanos que han sido reafirmados y desarrollados en otros instrumentos internacionales, tanto de ámbito universal como regional;

Reiterando que, con arreglo a la Declaración Universal de los Derechos Humanos, sólo puede realizarse el ideal del ser humano libre, exento del temor y de la miseria, si se crean condiciones que permitan a cada persona gozar de sus derechos económicos, sociales y culturales, tanto como de sus derechos civiles y políticos, y

Considerando que la Tercera Conferencia Interamericana Extraordinaria (Buenos Aires, 1967) aprobó la incorporación a la propia Carta de la Organización de normas más amplias sobre derechos económicos, sociales y educacionales y resolvió que una convención interamericana sobre derechos humanos determinara la estructura, competencia y procedimiento de los órganos encargados de esa materia,

Han convenido en lo siguiente:

PARTE I
DEBERES DE LOS ESTADOS Y DERECHOS PROTEGIDOS

CAPÍTULO I
ENUMERACIÓN DE DEBERES

Artículo 1. Obligación de Respetar los Derechos

1. Los Estados Partes en esta Convención se comprometen a respetar los derechos y libertades reconocidos en ella y a garantizar su libre y pleno ejercicio a toda persona que esté sujeta a su jurisdicción, sin discriminación alguna por motivos de raza, color, sexo, idioma, religión, opiniones políticas o de cualquier otra índole, origen nacional o social, posición económica, nacimiento o cualquier otra condición social.

2. Para los efectos de esta Convención, persona es todo ser humano.

Artículo 2. Deber de Adoptar Disposiciones de Derecho Interno

Si el ejercicio de los derechos y libertades mencionados en el artículo 1 no estuviere ya garantizado por disposiciones legislativas o de otro carácter, los Estados Partes se comprometen a adoptar, con arreglo a sus procedimientos constitucionales y a las disposiciones de esta Convención, las medidas legislativas o de otro carácter que fueren necesarias para hacer efectivos tales derechos y libertades.

CAPÍTULO II
DERECHOS CIVILES Y POLÍTICOS

Artículo 3. Derecho al Reconocimiento de la Personalidad Jurídica

Toda persona tiene derecho al reconocimiento de su personalidad jurídica.

Artículo 4. Derecho a la Vida

1. Toda persona tiene derecho a que se respete su vida. Este derecho estará protegido por la ley y, en general, a partir del momento de la concepción. Nadie puede ser privado de la vida arbitrariamente.

2. En los países que no han abolido la pena de muerte, ésta sólo podrá imponerse por los delitos más graves, en cumplimiento de sentencia ejecutoriada de tribunal competente y de conformidad con una ley que establezca tal pena, dictada con anterioridad a la comisión del delito. Tampoco se extenderá su aplicación a delitos a los cuales no se la aplique actualmente.

3. No se restablecerá la pena de muerte en los Estados que la han abolido.

4. En ningún caso se puede aplicar la pena de muerte por delitos políticos ni comunes conexos con los políticos.

5. No se impondrá la pena de muerte a personas que, en el momento de la comisión del delito, tuvieren menos de dieciocho años de edad o más de setenta, ni se le aplicará a las mujeres en estado de gravidez.

6. Toda persona condenada a muerte tiene derecho a solicitar la amnistía, el indulto o la conmutación de la pena, los cuales podrán ser concedidos en todos los casos. No se puede aplicar la pena de muerte mientras la solicitud esté pendiente de decisión ante autoridad competente.

Artículo 5. Derecho a la Integridad Personal

1. Toda persona tiene derecho a que se respete su integridad física, psíquica y moral.

2. Nadie debe ser sometido a torturas ni a penas o tratos crueles, inhumanos o degradantes. Toda persona privada de libertad será tratada con el respeto debido a la dignidad inherente al ser humano.

3. La pena no puede trascender de la persona del delincuente.

4. Los procesados deben estar separados de los condenados, salvo en circunstancias excepcionales, y serán sometidos a un tratamiento adecuado a su condición de personas no condenadas.

5. Cuando los menores puedan ser procesados, deben ser separados de los adultos y llevados ante tribunales especializados, con la mayor celeridad posible, para su tratamiento.

6. Las penas privativas de la libertad tendrán como finalidad esencial la reforma y la readaptación social de los condenados.

Artículo 6. Prohibición de la Esclavitud y Servidumbre

1. Nadie puede ser sometido a esclavitud o servidumbre, y tanto éstas, como la trata de esclavos y la trata de mujeres están prohibidas en todas sus formas.

2. Nadie debe ser constreñido a ejecutar un trabajo forzoso u obligatorio. En los países donde ciertos delitos tengan señalada pena privativa de la libertad acompañada de trabajos forzosos, esta disposición no podrá ser interpretada en el sentido de que prohíbe el cumplimiento de dicha pena impuesta por juez o tribunal competente. El trabajo forzoso no debe afectar a la dignidad ni a la capacidad física e intelectual del recluido.

3. No constituyen trabajo forzoso u obligatorio, para los efectos de este artículo:

a. los trabajos o servicios que se exijan normalmente de una persona recluida en cumplimiento de una sentencia o resolución formal dictada por la autoridad judicial competente. Tales trabajos o servicios deberán realizarse bajo la vigilancia y control de las autoridades públicas, y los individuos que los efectúen no serán puestos a disposición de particulares, compañías o personas jurídicas de carácter privado;

b. el servicio militar y, en los países donde se admite exención por razones de conciencia, el servicio nacional que la ley establezca en lugar de aquél;

c. el servicio impuesto en casos de peligro o calamidad que amenace la existencia o el bienestar de la comunidad, y

d. el trabajo o servicio que forme parte de las obligaciones cívicas normales.

Artículo 7. Derecho a la Libertad Personal

1. Toda persona tiene derecho a la libertad y a la seguridad personales.

2. Nadie puede ser privado de su libertad física, salvo por las causas y en las condiciones fijadas de antemano por las Constituciones Políticas de los Estados Partes o por las leyes dictadas conforme a ellas.

3. Nadie puede ser sometido a detención o encarcelamiento arbitrarios.

4. Toda persona detenida o retenida debe ser informada de las razones de su detención y notificada, sin demora, del cargo o cargos formulados contra ella.

5. Toda persona detenida o retenida debe ser llevada, sin demora, ante un juez u otro funcionario autorizado por la ley para ejercer funciones judiciales y tendrá derecho a ser juzgada dentro de un plazo razonable o a ser puesta en libertad, sin perjuicio de que continúe el proceso. Su libertad podrá estar condicionada a garantías que aseguren su comparecencia en el juicio.

6. Toda persona privada de libertad tiene derecho a recurrir ante un juez o tribunal competente, a fin de que éste decida, sin demora, sobre la legalidad de su arresto o detención y ordene su libertad si el arresto o la detención fueran ilegales. En los Estados Partes cuyas leyes prevén que toda persona que se viera amenazada de ser privada de su libertad tiene derecho a recurrir a un juez o tribunal competente a fin de que éste decida sobre la legalidad de tal amenaza, dicho recurso no puede ser restringido ni abolido. Los recursos podrán interponerse por sí o por otra persona.

7. Nadie será detenido por deudas. Este principio no limita los mandatos de autoridad judicial competente dictados por incumplimientos de deberes alimentarios.

Artículo 8. Garantías Judiciales

1. Toda persona tiene derecho a ser oída, con las debidas garantías y dentro de un plazo razonable, por un juez o tribunal competente, independiente e imparcial, establecido con anterioridad por la ley, en la sustanciación de cualquier acusación penal formulada contra ella, o para la determinación de sus derechos y obligaciones de orden civil, laboral, fiscal o de cualquier otro carácter.

2. Toda persona inculpada de delito tiene derecho a que se presuma su inocencia mientras no se establezca legalmente su culpabilidad. Durante el proceso, toda persona tiene derecho, en plena igualdad, a las siguientes garantías mínimas:

a) derecho del inculpado de ser asistido gratuitamente por el traductor o intérprete, si no comprende o no habla el idioma del juzgado o tribunal;

b) comunicación previa y detallada al inculpado de la acusación formulada;

c) concesión al inculpado del tiempo y de los medios adecuados para la preparación de su defensa;

d) derecho del inculpado de defenderse personalmente o de ser asistido por un defensor de su elección y de comunicarse libre y privadamente con su defensor;

e) derecho irrenunciable de ser asistido por un defensor proporcionado por el Estado, remunerado o no según la legislación interna, si el inculpado no se defendiere por sí mismo ni nombrare defensor dentro del plazo establecido por la ley;

f) derecho de la defensa de interrogar a los testigos presentes en el tribunal y de obtener la comparecencia, como testigos o peritos, de otras personas que puedan arrojar luz sobre los hechos;

g) derecho a no ser obligado a declarar contra sí mismo ni a declararse culpable, y

h) derecho de recurrir del fallo ante juez o tribunal superior.

3. La confesión del inculpado solamente es válida si es hecha sin coacción de ninguna naturaleza.

4. El inculpado absuelto por una sentencia firme no podrá ser sometido a nuevo juicio por los mismos hechos.

5. El proceso penal debe ser público, salvo en lo que sea necesario para preservar los intereses de la justicia.

Artículo 9. Principio de Legalidad y de Retroactividad

Nadie puede ser condenado por acciones u omisiones que en el momento de cometerse no fueran delictivos según el derecho aplicable. Tampoco se puede imponer pena más grave que la aplicable en el momento de la comisión del delito. Si con posterioridad a la comisión del delito la ley dispone la imposición de una pena más leve, el delincuente se beneficiará de ello.

Artículo 10. Derecho a Indemnización

Toda persona tiene derecho a ser indemnizada conforme a la ley en caso de haber sido condenada en sentencia firme por error judicial.

Artículo 11. Protección de la Honra y de la Dignidad

1. Toda persona tiene derecho al respeto de su honra y al reconocimiento de su dignidad.

2. Nadie puede ser objeto de injerencias arbitrarias o abusivas en su vida privada, en la de su familia, en su domicilio o en su correspondencia, ni de ataques ilegales a su honra o reputación.

3. Toda persona tiene derecho a la protección de la ley contra esas injerencias o esos ataques.

Artículo 12. Libertad de Conciencia y de Religión

1. Toda persona tiene derecho a la libertad de conciencia y de religión. Este derecho implica la libertad de conservar su religión o sus creencias, o de cambiar de religión o de creencias, así como la libertad de profesar y divulgar su religión o sus creencias, individual o colectivamente, tanto en público como en privado.

2. Nadie puede ser objeto de medidas restrictivas que puedan menoscabar la libertad de conservar su religión o sus creencias o de cambiar de religión o de creencias.

3. La libertad de manifestar la propia religión y las propias creencias está sujeta únicamente a las limitaciones prescritas por la ley y que sean necesarias para proteger la seguridad, el orden, la salud o la moral públicos o los derechos o libertades de los demás.

4. Los padres, y en su caso los tutores, tienen derecho a que sus hijos o pupilos reciban la educación religiosa y moral que esté de acuerdo con sus propias convicciones.

Artículo 13. Libertad de Pensamiento y de Expresión

1. Toda persona tiene derecho a la libertad de pensamiento y de expresión. Este derecho comprende la libertad de buscar, recibir y difundir informaciones e ideas de toda índole, sin consideración de fronteras, ya sea oralmente, por escrito o en forma impresa o artística, o por cualquier otro procedimiento de su elección.

2. El ejercicio del derecho previsto en el inciso precedente no puede estar sujeto a previa censura sino a responsabilidades ulteriores, las que deben estar expresamente fijadas por la ley y ser necesarias para asegurar:

a) el respeto a los derechos o a la reputación de los demás, o

b) la protección de la seguridad nacional, el orden público o la salud o la moral públicas.

3. No se puede restringir el derecho de expresión por vías o medios indirectos, tales como el abuso de controles oficiales o particulares de papel para periódicos, de frecuencias radioeléctricas, o de enseres y aparatos usados en la difusión de información o por cualesquiera otros medios encaminados a impedir la comunicación y la circulación de ideas y opiniones.

4. Los espectáculos públicos pueden ser sometidos por la ley a censura previa con el exclusivo objeto de regular el acceso a ellos para la protección moral de la infancia y la adolescencia, sin perjuicio de lo establecido en el inciso 2.

5. Estará prohibida por la ley toda propaganda en favor de la guerra y toda apología del odio nacional, racial o religioso que constituyan incitaciones a la violencia o cualquier otra acción ilegal similar contra cualquier persona o grupo de personas, por ningún motivo, inclusive los de raza, color, religión, idioma u origen nacional.

Artículo 14. Derecho de Rectificación o Respuesta

1. Toda persona afectada por informaciones inexactas o agraviantes emitidas en su perjuicio a través de medios de difusión legalmente reglamentados y que se dirijan al público en general, tiene derecho a efectuar por el mismo órgano de difusión su rectificación o respuesta en las condiciones que establezca la ley.

2. En ningún caso la rectificación o la respuesta eximirán de las otras responsabilidades legales en que se hubiese incurrido.

3. Para la efectiva protección de la honra y la reputación, toda publicación o empresa periodística, cinematográfica, de radio o televisión tendrá una persona responsable que no esté protegida por inmunidades ni disponga de fuero especial.

Artículo 15. Derecho de Reunión

Se reconoce el derecho de reunión pacífica y sin armas. El ejercicio de tal derecho sólo puede estar sujeto a las restricciones previstas por la ley, que sean necesarias en una sociedad democrática, en interés de la seguridad nacional, de la seguridad o del orden públicos, o para proteger la salud o la moral públicas o los derechos o libertades de los demás.

Artículo 16. Libertad de Asociación

1. Todas las personas tienen derecho a asociarse libremente con fines ideológicos, religiosos, políticos, económicos, laborales, sociales, culturales, deportivos o de cualquiera otra índole.

2. El ejercicio de tal derecho sólo puede estar sujeto a las restricciones previstas por la ley que sean necesarias en una sociedad democrática, en interés de la seguridad nacional, de la seguridad o del orden públicos, o para proteger la salud o la moral públicas o los derechos y libertades de los demás.

3. Lo dispuesto en este artículo no impide la imposición de restricciones legales, y aun la privación del ejercicio del derecho de asociación, a los miembros de las fuerzas armadas y de la policía.

Artículo 17. Protección a la Familia

1. La familia es el elemento natural y fundamental de la sociedad y debe ser protegida por la sociedad y el Estado.

2. Se reconoce el derecho del hombre y la mujer a contraer matrimonio y a fundar una familia si tienen la edad y las condiciones requeridas para ello por las leyes internas, en la medida en que éstas no afecten al principio de no discriminación establecido en esta Convención.

3. El matrimonio no puede celebrarse sin el libre y pleno consentimiento de los contrayentes.

4. Los Estados Partes deben tomar medidas apropiadas para asegurar la igualdad de derechos y la adecuada equivalencia de responsabilidades de los cónyuges en cuanto al matrimonio, durante el matrimonio y en caso de di-

solución del mismo. En caso de disolución, se adoptarán disposiciones que aseguren la protección necesaria de los hijos, sobre la base única del interés y conveniencia de ellos.

5. La ley debe reconocer iguales derechos tanto a los hijos nacidos fuera de matrimonio como a los nacidos dentro del mismo.

Artículo 18. Derecho al Nombre

Toda persona tiene derecho a un nombre propio y a los apellidos de sus padres o al de uno de ellos. La ley reglamentará la forma de asegurar este derecho para todos, mediante nombres supuestos, si fuere necesario.

Artículo 19. Derechos del Niño

Todo niño tiene derecho a las medidas de protección que su condición de menor requieren por parte de su familia, de la sociedad y del Estado.

Artículo 20. Derecho a la Nacionalidad

1. Toda persona tiene derecho a una nacionalidad.

2. Toda persona tiene derecho a la nacionalidad del Estado en cuyo territorio nació si no tiene derecho a otra.

3. A nadie se privará arbitrariamente de su nacionalidad ni del derecho a cambiarla.

Artículo 21. Derecho a la Propiedad Privada

1. Toda persona tiene derecho al uso y goce de sus bienes. La ley puede subordinar tal uso y goce al interés social.

2. Ninguna persona puede ser privada de sus bienes, excepto mediante el pago de indemnización justa, por razones de utilidad pública o de interés social y en los casos y según las formas establecidas por la ley.

3. Tanto la usura como cualquier otra forma de explotación del hombre por el hombre, deben ser prohibidas por la ley.

Artículo 22. Derecho de Circulación y de Residencia

1. Toda persona que se halle legalmente en el territorio de un Estado tiene derecho a circular por el mismo y, a residir en él con sujeción a las disposiciones legales.

2. Toda persona tiene derecho a salir libremente de cualquier país, inclusive del propio.

3. El ejercicio de los derechos anteriores no puede ser restringido sino en virtud de una ley, en la medida indispensable en una sociedad democrática, para prevenir infracciones penales o para proteger la seguridad nacional, la seguridad o el orden públicos, la moral o la salud públicas o los derechos y libertades de los demás.

4. El ejercicio de los derechos reconocidos en el inciso 1 puede asimismo ser restringido por la ley, en zonas determinadas, por razones de interés público.

5. Nadie puede ser expulsado del territorio del Estado del cual es nacional, ni ser privado del derecho a ingresar en el mismo.

6. El extranjero que se halle legalmente en el territorio de un Estado parte en la presente Convención, sólo podrá ser expulsado de él en cumplimiento de una decisión adoptada conforme a la ley.

7. Toda persona tiene el derecho de buscar y recibir asilo en territorio extranjero en caso de persecución por delitos políticos o comunes conexos con los políticos y de acuerdo con la legislación de cada Estado y los convenios internacionales.

8. En ningún caso el extranjero puede ser expulsado o devuelto a otro país, sea o no de origen, donde su derecho a la vida o a la libertad personal está en riesgo de violación a causa de raza, nacionalidad, religión, condición social o de sus opiniones políticas.

9. Es prohibida la expulsión colectiva de extranjeros.

Artículo 23. Derechos Políticos

1. Todos los ciudadanos deben gozar de los siguientes derechos y oportunidades:

a) de participar en la dirección de los asuntos públicos, directamente o por medio de representantes libremente elegidos;

b) de votar y ser elegidos en elecciones periódicas auténticas, realizadas por sufragio universal e igual y por voto secreto que garantice la libre expresión de la voluntad de los electores, y

c) de tener acceso, en condiciones generales de igualdad, a las funciones públicas de su país.

2. La ley puede reglamentar el ejercicio de los derechos y oportunidades a que se refiere el inciso anterior, exclusivamente por razones de edad, nacionalidad, residencia, idioma, instrucción, capacidad civil o mental, o condena, por juez competente, en proceso penal.

Artículo 24. Igualdad ante la Ley

Todas las personas son iguales ante la ley. En consecuencia, tienen derecho, sin discriminación, a igual protección de la ley.

Artículo 25. Protección Judicial

1. Toda persona tiene derecho a un recurso sencillo y rápido o a cualquier otro recurso efectivo ante los jueces o tribunales competentes, que la ampare contra actos que violen sus derechos fundamentales reconocidos por la Constitución, la ley o la presente Convención, aun cuando tal violación sea cometida por personas que actúen en ejercicio de sus funciones oficiales.

2. Los Estados Partes se comprometen:

a) a garantizar que la autoridad competente prevista por el sistema legal del Estado decidirá sobre los derechos de toda persona que interponga tal recurso;

b) a desarrollar las posibilidades de recurso judicial, y

c) a garantizar el cumplimiento, por las autoridades competentes, de toda decisión en que se haya estimado procedente el recurso.

CAPÍTULO III
DERECHOS ECONÓMICOS, SOCIALES Y CULTURALES

Artículo 26. Desarrollo Progresivo

Los Estados Partes se comprometen a adoptar providencias, tanto a nivel interno como mediante la cooperación internacional, especialmente económica y técnica, para lograr progresivamente la plena efectividad de los derechos que se derivan de las normas económicas, sociales y sobre educación, ciencia y cultura, contenidas en la Carta de la Organización de los Estados Americanos, reformada por el Protocolo de Buenos Aires, en la medida de los recursos disponibles, por vía legislativa u otros medios apropiados.

CAPÍTULO IV
SUSPENSIÓN DE GARANTÍAS, INTERPRETACIÓN Y APLICACIÓN

Artículo 27. Suspensión de Garantías

1. En caso de guerra, de peligro público o de otra emergencia que amenace la independencia o seguridad del Estado parte, éste podrá adoptar disposiciones que, en la medida y por el tiempo estrictamente limitados a las exigencias de la situación, suspendan las obligaciones contraídas en virtud de

esta Convención, siempre que tales disposiciones no sean incompatibles con las demás obligaciones que les impone el derecho internacional y no entrañen discriminación alguna fundada en motivos de raza, color, sexo, idioma, religión u origen social.

2. La disposición precedente no autoriza la suspensión de los derechos determinados en los siguientes artículos: 3 (Derecho al Reconocimiento de la Personalidad Jurídica); 4 (Derecho a la Vida); 5 (Derecho a la Integridad Personal); 6 (Prohibición de la Esclavitud y Servidumbre); 9 (Principio de Legalidad y de Retroactividad); 12 (Libertad de Conciencia y de Religión); 17 (Protección a la Familia); 18 (Derecho al Nombre); 19 (Derechos del Niño); 20 (Derecho a la Nacionalidad), y 23 (Derechos Políticos), ni de las garantías judiciales indispensables para la protección de tales derechos.

3. Todo Estado parte que haga uso del derecho de suspensión deberá informar inmediatamente a los demás Estados Partes en la presente Convención, por conducto del Secretario General de la Organización de los Estados Americanos, de las disposiciones cuya aplicación haya suspendido, de los motivos que hayan suscitado la suspensión y de la fecha en que haya dado por terminada tal suspensión.

Artículo 28. Cláusula Federal

1. Cuando se trate de un Estado parte constituido como Estado Federal, el gobierno nacional de dicho Estado parte cumplirá todas las disposiciones de la presente Convención relacionadas con las materias sobre las que ejerce jurisdicción legislativa y judicial.

2. Con respecto a las disposiciones relativas a las materias que corresponden a la jurisdicción de las entidades componentes de la federación, el gobierno nacional debe tomar de inmediato las medidas pertinentes, conforme a su constitución y sus leyes, a fin de que las autoridades competentes de dichas entidades puedan adoptar las disposiciones del caso para el cumplimiento de esta Convención.

3. Cuando dos o más Estados Partes acuerden integrar entre sí una federación u otra clase de asociación, cuidarán de que el pacto comunitario correspondiente contenga las disposiciones necesarias para que continúen haciéndose efectivas en el nuevo Estado así organizado, las normas de la presente Convención.

Artículo 29. Normas de Interpretación

Ninguna disposición de la presente Convención puede ser interpretada en el sentido de:

a) permitir a alguno de los Estados Partes, grupo o persona, suprimir el goce y ejercicio de los derechos y libertades reconocidos en la Convención o limitarlos en mayor medida que la prevista en ella;

b) limitar el goce y ejercicio de cualquier derecho o libertad que pueda estar reconocido de acuerdo con las leyes de cualquiera de los Estados Partes o de acuerdo con otra convención en que sea parte uno de dichos Estados;

c) excluir otros derechos y garantías que son inherentes al ser humano o que se derivan de la forma democrática representativa de gobierno, y

d) excluir o limitar el efecto que puedan producir la Declaración Americana de Derechos y Deberes del Hombre y otros actos internacionales de la misma naturaleza.

Artículo 30. Alcance de las Restricciones

Las restricciones permitidas, de acuerdo con esta Convención, al goce y ejercicio de los derechos y libertades reconocidas en la misma, no pueden ser aplicadas sino conforme a leyes que se dictaren por razones de interés general y con el propósito para el cual han sido establecidas.

Artículo 31. Reconocimiento de Otros Derechos

Podrán ser incluidos en el régimen de protección de esta Convención otros derechos y libertades que sean reconocidos de acuerdo con los procedimientos establecidos en los artículos 76 y 77.

CAPÍTULO V
DEBERES DE LAS PERSONAS

Artículo 32. Correlación entre Deberes y Derechos

1. Toda persona tiene deberes para con la familia, la comunidad y la humanidad.

2. Los derechos de cada persona están limitados por los derechos de los demás, por la seguridad de todos y por las justas exigencias del bien común, en una sociedad democrática.

PARTE II
MEDIOS DE LA PROTECCIÓN

CAPÍTULO VI
DE LOS ÓRGANOS COMPETENTES

Artículo 33.

Son competentes para conocer de los asuntos relacionados con el cumplimiento de los compromisos contraídos por los Estados Partes en esta Convención:

a) la Comisión Interamericana de Derechos Humanos, llamada en adelante la Comisión, y

b) la Corte Interamericana de Derechos Humanos, llamada en adelante la Corte.

CAPÍTULO VII
LA COMISIÓN INTERAMERICANA DE DERECHOS HUMANOS

Sección 1. Organización

Artículo 34

La Comisión Interamericana de Derechos Humanos se compondrá de siete miembros, que deberán ser personas de alta autoridad moral y reconocida versación en materia de derechos humanos.

Artículo 35

La Comisión representa a todos los miembros que integran la Organización de los Estados Americanos.

Artículo 36

1. Los Miembros de la Comisión serán elegidos a título personal por la Asamblea General de la Organización de una lista de candidatos propuestos por los gobiernos de los Estados miembros.

2. Cada uno de dichos gobiernos puede proponer hasta tres candidatos, nacionales del Estado que los proponga o de cualquier otro Estado miembro de la Organización de los Estados Americanos. Cuando se proponga una terna, por lo menos uno de los candidatos deberá ser nacional de un Estado distinto del proponente.

Artículo 37

1. Los miembros de la Comisión serán elegidos por cuatro años y sólo podrán ser reelegidos una vez, pero el mandato de tres de los miembros designados en la primera elección expirará al cabo de dos años. Inmediatamente después de dicha elección se determinarán por sorteo en la Asamblea General los nombres de estos tres miembros.

2. No puede formar parte de la Comisión más de un nacional de un mismo Estado.

Artículo 38

Las vacantes que ocurrieren en la Comisión, que no se deban a expiración normal del mandato, se llenarán por el Consejo Permanente de la Organización de acuerdo con lo que disponga el Estatuto de la Comisión.

Artículo 39

La Comisión preparará su Estatuto, lo someterá a la aprobación de la Asamblea General, y dictará su propio Reglamento.

Artículo 40

Los servicios de Secretaría de la Comisión deben ser desempeñados por la unidad funcional especializada que forma parte de la Secretaría General de la Organización y debe disponer de los recursos necesarios para cumplir las tareas que le sean encomendadas por la Comisión.

Sección 2. Funciones

Artículo 41

La Comisión tiene la función principal de promover la observancia y la defensa de los derechos humanos, y en el ejercicio de su mandato tiene las siguientes funciones y atribuciones:

a) estimular la conciencia de los derechos humanos en los pueblos de América;

b) formular recomendaciones, cuando lo estime conveniente, a los gobiernos de los Estados miembros para que adopten medidas progresivas en favor de los derechos humanos dentro del marco de sus leyes internas y sus preceptos constitucionales, al igual que disposiciones apropiadas para fomentar el debido respeto a esos derechos;

c) preparar los estudios e informes que considere convenientes para el desempeño de sus funciones;

d) solicitar de los gobiernos de los Estados miembros que le proporcionen informes sobre las medidas que adopten en materia de derechos humanos;

e) atender las consultas que, por medio de la Secretaría General de la Organización de los Estados Americanos, le formulen los Estados miembros en cuestiones relacionadas con los derechos humanos y, dentro de sus posibilidades, les prestará el asesoramiento que éstos le soliciten;

f) actuar respecto de las peticiones y otras comunicaciones en ejercicio de su autoridad de conformidad con lo dispuesto en los artículos 44 al 51 de esta Convención, y

g) rendir un informe anual a la Asamblea General de la Organización de los Estados Americanos.

Artículo 42

Los Estados Partes deben remitir a la Comisión copia de los informes y estudios que en sus respectivos campos someten anualmente a las Comisiones Ejecutivas del Consejo Interamericano Económico y Social y del Consejo Interamericano para la Educación, la Ciencia y la Cultura, a fin de que aquella vele porque se promuevan los derechos derivados de las normas económicas, sociales y sobre educación, ciencia y cultura, contenidas en la Carta de la Organización de los Estados Americanos, reformada por el Protocolo de Buenos Aires.

Artículo 43

Los Estados Partes se obligan a proporcionar a la Comisión las informaciones que ésta les solicite sobre la manera en que su derecho interno asegura la aplicación efectiva de cualesquiera disposiciones de esta Convención.

Sección 3. Competencia

Artículo 44

Cualquier persona o grupo de personas, o entidad no gubernamental legalmente reconocida en uno o más Estados miembros de la Organización, puede presentar a la Comisión peticiones que contengan denuncias o quejas de violación de esta Convención por un Estado parte.

Artículo 45

1. Todo Estado parte puede, en el momento del depósito de su instrumento de ratificación o adhesión de esta Convención, o en cualquier momento posterior, declarar que reconoce la competencia de la Comisión para recibir y examinar las comunicaciones en que un Estado parte alegue que otro Estado parte ha incurrido en violaciones de los derechos humanos establecidos en esta Convención.

2. Las comunicaciones hechas en virtud del presente artículo sólo se pueden admitir y examinar si son presentadas por un Estado parte que haya hecho una declaración por la cual reconozca la referida competencia de la Comisión. La Comisión no admitirá ninguna comunicación contra un Estado parte que no haya hecho tal declaración.

3. Las declaraciones sobre reconocimiento de competencia pueden hacerse para que ésta rija por tiempo indefinido, por un período determinado o para casos específicos.

4. Las declaraciones se depositarán en la Secretaría General de la Organización de los Estados Americanos, la que transmitirá copia de las mismas a los Estados miembros de dicha Organización.

Artículo 46

1. Para que una petición o comunicación presentada conforme a los artículos 44 o 45 sea admitida por la Comisión, se requerirá:

a) que se hayan interpuesto y agotado los recursos de jurisdicción interna, conforme a los principios del Derecho Internacional generalmente reconocidos;

b) que sea presentada dentro del plazo de seis meses, a partir de la fecha en que el presunto lesionado en sus derechos haya sido notificado de la decisión definitiva;

c) que la materia de la petición o comunicación no esté pendiente de otro procedimiento de arreglo internacional, y

d) que en el caso del artículo 44 la petición contenga el nombre, la nacionalidad, la profesión, el domicilio y la firma de la persona o personas o del representante legal de la entidad que somete la petición.

2. Las disposiciones de los incisos 1.a. y 1.b. del presente artículo no se aplicarán cuando:

a) no exista en la legislación interna del Estado de que se trata el debido proceso legal para la protección del derecho o derechos que se alega han sido violados;

b) no se haya permitido al presunto lesionado en sus derechos el acceso a los recursos de la jurisdicción interna, o haya sido impedido de agotarlos, y

c) haya retardo injustificado en la decisión sobre los mencionados recursos.

Artículo 47

La Comisión declarará inadmisible toda petición o comunicación presentada de acuerdo con los artículos 44 o 45 cuando:

a) falte alguno de los requisitos indicados en el artículo 46;

b) no exponga hechos que caractericen una violación de los derechos garantizados por esta Convención;

c) resulte de la exposición del propio peticionario o del Estado manifiestamente infundada la petición o comunicación o sea evidente su total improcedencia, y

d) sea sustancialmente la reproducción de petición o comunicación anterior ya examinada por la Comisión u otro organismo internacional.

Sección 4. Procedimiento

Artículo 48

1. La Comisión, al recibir una petición o comunicación en la que se alegue la violación de cualquiera de los derechos que consagra esta Convención, procederá en los siguientes términos:

a) si reconoce la admisibilidad de la petición o comunicación solicitará informaciones al Gobierno del Estado al cual pertenezca la autoridad señalada como responsable de la violación alegada, transcribiendo las partes pertinentes de la petición o comunicación. Dichas informaciones deben ser enviadas dentro de un plazo razonable, fijado por la Comisión al considerar las circunstancias de cada caso;

b) recibidas las informaciones o transcurrido el plazo fijado sin que sean recibidas, verificará si existen o subsisten los motivos de la petición o comunicación. De no existir o subsistir, mandará archivar el expediente;

c) podrá también declarar la inadmisibilidad o la improcedencia de la petición o comunicación, sobre la base de una información o prueba sobrevinientes;

d) si el expediente no se ha archivado y con el fin de comprobar los hechos, la Comisión realizará, con conocimiento de las partes, un examen del asunto planteado en la petición o comunicación. Si fuere necesario y conveniente, la Comisión realizará una investigación para cuyo eficaz cumplimiento solicitará, y los Estados interesados le proporcionarán, todas las facilidades necesarias;

e) podrá pedir a los Estados interesados cualquier información pertinente y recibirá, si así se le solicita, las exposiciones verbales o escritas que presenten los interesados;

f) se pondrá a disposición de las partes interesadas, a fin de llegar a una solución amistosa del asunto fundada en el respeto a los derechos humanos reconocidos en esta Convención.

2. Sin embargo, en casos graves y urgentes, puede realizarse una investigación previo consentimiento del Estado en cuyo territorio se alegue haberse cometido la violación, tan sólo con la presentación de una petición o comunicación que reúna todos los requisitos formales de admisibilidad.

Artículo 49

Si se ha llegado a una solución amistosa con arreglo a las disposiciones del inciso 1.f. del artículo 48 la Comisión redactará un informe que será transmitido al peticionario y a los Estados Partes en esta Convención y comunicado después, para su publicación, al Secretario General de la Organización de los Estados Americanos. Este informe contendrá una breve exposición de los hechos y de la solución lograda. Si cualquiera de las partes en el caso lo solicitan, se les suministrará la más amplia información posible.

Artículo 50

1. De no llegarse a una solución, y dentro del plazo que fije el Estatuto de la Comisión, ésta redactará un informe en el que expondrá los hechos y sus conclusiones. Si el informe no representa, en todo o en parte, la opinión unánime de los miembros de la Comisión, cualquiera de ellos podrá agregar a dicho informe su opinión por separado. También se agregarán al informe las exposiciones verbales o escritas que hayan hecho los interesados en virtud del inciso 1.e. del artículo 48.

2. El informe será transmitido a los Estados interesados, quienes no estarán facultados para publicarlo.

3. Al transmitir el informe, la Comisión puede formular las proposiciones y recomendaciones que juzgue adecuadas.

Artículo 51

1. Si en el plazo de tres meses, a partir de la remisión a los Estados interesados del informe de la Comisión, el asunto no ha sido solucionado o sometido a la decisión de la Corte por la Comisión o por el Estado interesado, aceptando su competencia, la Comisión podrá emitir, por mayoría absoluta de

votos de sus miembros, su opinión y conclusiones sobre la cuestión sometida a su consideración.

2. La Comisión hará las recomendaciones pertinentes y fijará un plazo dentro del cual el Estado debe tomar las medidas que le competan para remediar la situación examinada.

3. Transcurrido el período fijado, la Comisión decidirá, por la mayoría absoluta de votos de sus miembros, si el Estado ha tomado o no medidas adecuadas y si publica o no su informe.

CAPÍTULO VIII
LA CORTE INTERAMERICANA DE DERECHOS HUMANOS

Sección 1. Organización

Artículo 52

1. La Corte se compondrá de siete jueces, nacionales de los Estados miembros de la Organización, elegidos a título personal entre juristas de la más alta autoridad moral, de reconocida competencia en materia de derechos humanos, que reúnan las condiciones requeridas para el ejercicio de las más elevadas funciones judiciales conforme a la ley del país del cual sean nacionales o del Estado que los proponga como candidatos.

2. No debe haber dos jueces de la misma nacionalidad.

Artículo 53

1. Los jueces de la Corte serán elegidos, en votación secreta y por mayoría absoluta de votos de los Estados Partes en la Convención, en la Asamblea General de la Organización, de una lista de candidatos propuestos por esos mismos Estados.

2. Cada uno de los Estados Partes puede proponer hasta tres candidatos, nacionales del Estado que los propone o de cualquier otro Estado miembro de la Organización de los Estados Americanos. Cuando se proponga una terna, por lo menos uno de los candidatos deberá ser nacional de un Estado distinto del proponente.

Artículo 54

1. Los jueces de la Corte serán elegidos para un período de seis años y sólo podrán ser reelegidos una vez. El mandato de tres de los jueces designados en la primera elección, expirará al cabo de tres años. Inmediatamente después de

dicha elección, se determinarán por sorteo en la Asamblea General los nombres de estos tres jueces.

2. El juez elegido para reemplazar a otro cuyo mandato no ha expirado, completará el período de éste.

3. Los jueces permanecerán en funciones hasta el término de su mandato. Sin embargo, seguirán conociendo de los casos a que ya se hubieran abocado y que se encuentren en estado de sentencia, a cuyos efectos no serán sustituidos por los nuevos jueces elegidos.

Artículo 55

1. El juez que sea nacional de alguno de los Estados Partes en el caso sometido a la Corte, conservará su derecho a conocer del mismo.

2. Si uno de los jueces llamados a conocer del caso fuere de la nacionalidad de uno de los Estados Partes, otro Estado parte en el caso podrá designar a una persona de su elección para que integre la Corte en calidad de juez ad hoc.

3. Si entre los jueces llamados a conocer del caso ninguno fuere de la nacionalidad de los Estados Partes, cada uno de éstos podrá designar un juez ad hoc.

4. El juez ad hoc debe reunir las calidades señaladas en el artículo 52.

5. Si varios Estados Partes en la Convención tuvieren un mismo interés en el caso, se considerarán como una sola parte para los fines de las disposiciones precedentes. En caso de duda, la Corte decidirá.

Artículo 56

El quórum para las deliberaciones de la Corte es de cinco jueces.

Artículo 57

La Comisión comparecerá en todos los casos ante la Corte.

Artículo 58

1. La Corte tendrá su sede en el lugar que determinen, en la Asamblea General de la Organización, los Estados Partes en la Convención, pero podrá celebrar reuniones en el territorio de cualquier Estado miembro de la Organización de los Estados Americanos en que lo considere conveniente por mayoría de sus miembros y previa aquiescencia del Estado respectivo. Los Estados Partes en la Convención pueden, en la Asamblea General por dos tercios de sus votos, cambiar la sede de la Corte.

2. La Corte designará a su Secretario.

3. El Secretario residirá en la sede de la Corte y deberá asistir a las reuniones que ella celebre fuera de la misma.

Artículo 59

La Secretaría de la Corte será establecida por ésta y funcionará bajo la dirección del Secretario de la Corte, de acuerdo con las normas administrativas de la Secretaría General de la Organización en todo lo que no sea incompatible con la independencia de la Corte. Sus funcionarios serán nombrados por el Secretario General de la Organización, en consulta con el Secretario de la Corte.

Artículo 60

La Corte preparará su Estatuto y lo someterá a la aprobación de la Asamblea General, y dictará su Reglamento.

Sección 2. Competencia y Funciones

Artículo 61

1. Sólo los Estados Partes y la Comisión tienen derecho a someter un caso a la decisión de la Corte.

2. Para que la Corte pueda conocer de cualquier caso, es necesario que sean agotados los procedimientos previstos en los artículos 48 a 50.

Artículo 62

1. Todo Estado parte puede, en el momento del depósito de su instrumento de ratificación o adhesión de esta Convención, o en cualquier momento posterior, declarar que reconoce como obligatoria de pleno derecho y sin convención especial, la competencia de la Corte sobre todos los casos relativos a la interpretación o aplicación de esta Convención.

2. La declaración puede ser hecha incondicionalmente, o bajo condición de reciprocidad, por un plazo determinado o para casos específicos. Deberá ser presentada al Secretario General de la Organización, quien transmitirá copias de la misma a los otros Estados miembros de la Organización y al Secretario de la Corte.

3. La Corte tiene competencia para conocer de cualquier caso relativo a la interpretación y aplicación de las disposiciones de esta Convención que le sea sometido, siempre que los Estados Partes en el caso hayan reconocido o reconozcan dicha competencia, ora por declaración especial, como se indica en los incisos anteriores, ora por convención especial.

Artículo 63

1. Cuando decida que hubo violación de un derecho o libertad protegidos en esta Convención, la Corte dispondrá que se garantice al lesionado en el goce de su derecho o libertad conculcados. Dispondrá asimismo, si ello fuera procedente, que se reparen las consecuencias de la medida o situación que ha configurado la vulneración de esos derechos y el pago de una justa indemnización a la parte lesionada.

2. En casos de extrema gravedad y urgencia, y cuando se haga necesario evitar daños irreparables a las personas, la Corte, en los asuntos que esté conociendo, podrá tomar las medidas provisionales que considere pertinentes. Si se tratare de asuntos que aún no estén sometidos a su conocimiento, podrá actuar a solicitud de la Comisión.

Artículo 64

1. Los Estados miembros de la Organización podrán consultar a la Corte acerca de la interpretación de esta Convención o de otros tratados concernientes a la protección de los derechos humanos en los Estados americanos. Asimismo, podrán consultarla, en lo que les compete, los órganos enumerados en el capítulo X de la Carta de la Organización de los Estados Americanos, reformada por el Protocolo de Buenos Aires.

2. La Corte, a solicitud de un Estado miembro de la Organización, podrá darle opiniones acerca de la compatibilidad entre cualquiera de sus leyes internas y los mencionados instrumentos internacionales.

Artículo 65

La Corte someterá a la consideración de la Asamblea General de la Organización en cada período ordinario de sesiones un informe sobre su labor en el año anterior. De manera especial y con las recomendaciones pertinentes, señalará los casos en que un Estado no haya dado cumplimiento a sus fallos.

Sección 3. Procedimiento

Artículo 66

1. El fallo de la Corte será motivado.

2. Si el fallo no expresare en todo o en parte la opinión unánime de los jueces, cualquiera de éstos tendrá derecho a que se agregue al fallo su opinión disidente o individual.

Artículo 67

El fallo de la Corte será definitivo e inapelable. En caso de desacuerdo sobre el sentido o alcance del fallo, la Corte lo interpretará a solicitud de cualquiera de las partes, siempre que dicha solicitud se presente dentro de los noventa días a partir de la fecha de la notificación del fallo.

Artículo 68

1. Los Estados Partes en la Convención se comprometen a cumplir la decisión de la Corte en todo caso en que sean partes.

2. La parte del fallo que disponga indemnización compensatoria se podrá ejecutar en el respectivo país por el procedimiento interno vigente para la ejecución de sentencias contra el Estado.

Artículo 69

El fallo de la Corte será notificado a las partes en el caso y transmitido a los Estados partes en la Convención.

CAPÍTULO IX
DISPOSICIONES COMUNES

Artículo 70

1. Los jueces de la Corte y los miembros de la Comisión gozan, desde el momento de su elección y mientras dure su mandato, de las inmunidades reconocidas a los agentes diplomáticos por el derecho internacional. Durante el ejercicio de sus cargos gozan, además, de los privilegios diplomáticos necesarios para el desempeño de sus funciones.

2. No podrá exigirse responsabilidad en ningún tiempo a los jueces de la Corte ni a los miembros de la Comisión por votos y opiniones emitidos en el ejercicio de sus funciones.

Artículo 71

Son incompatibles los cargos de juez de la Corte o miembros de la Comisión con otras actividades que pudieren afectar su independencia o imparcialidad conforme a lo que se determine en los respectivos Estatutos.

Artículo 72

Los jueces de la Corte y los miembros de la Comisión percibirán emolumentos y gastos de viaje en la forma y condiciones que determinen sus Estatutos, teniendo en cuenta la importancia e independencia de sus funciones. Tales emolumentos y gastos de viaje será fijados en el programa-presupuesto de la Organización de los Estados Americanos, el que debe incluir, además, los gastos de la Corte y de su Secretaría. A estos efectos, la Corte elaborará su propio proyecto de presupuesto y lo someterá a la aprobación de la Asamblea General, por conducto de la Secretaría General. Esta última no podrá introducirle modificaciones.

Artículo 73

Solamente a solicitud de la Comisión o de la Corte, según el caso, corresponde a la Asamblea General de la Organización resolver sobre las sanciones aplicables a los miembros de la Comisión o jueces de la Corte que hubiesen incurrido en las causales previstas en los respectivos Estatutos. Para dictar una resolución se requerirá una mayoría de los dos tercios de los votos de los Estados miembros de la Organización en el caso de los miembros de la Comisión y, además, de los dos tercios de los votos de los Estados Partes en la Convención, si se tratare de jueces de la Corte.

PARTE III
DISPOSICIONES GENERALES Y TRANSITORIAS

CAPÍTULO X
FIRMA, RATIFICACIÓN, RESERVA, ENMIENDA, PROTOCOLO Y DENUNCIA

Artículo 74

1. Esta Convención queda abierta a la firma y a la ratificación o adhesión de todo Estado miembro de la Organización de los Estados Americanos.

2. La ratificación de esta Convención o la adhesión a la misma se efectuará mediante el depósito de un instrumento de ratificación o de adhesión en la Secretaría General de la Organización de los Estados Americanos. Tan pronto como once Estados hayan depositado sus respectivos instrumentos de ratificación o de adhesión, la Convención entrará en vigor. Respecto a todo otro Estado que la ratifique o adhiera a ella ulteriormente, la Convención entrará en vigor en la fecha del depósito de su instrumento de ratificación o de adhesión.

3. El Secretario General informará a todos los Estados miembros de la Organización de la entrada en vigor de la Convención.

Artículo 75

Esta Convención sólo puede ser objeto de reservas conforme a las disposiciones de la Convención de Viena sobre Derecho de los Tratados, suscrita el 23 de mayo de 1969.

Artículo 76

1. Cualquier Estado parte directamente y la Comisión o la Corte por conducto del Secretario General, pueden someter a la Asamblea General, para lo que estime conveniente, una propuesta de enmienda a esta Convención.

2. Las enmiendas entrarán en vigor para los Estados ratificantes de las mismas en la fecha en que se haya depositado el respectivo instrumento de ratificación que corresponda al número de los dos tercios de los Estados Partes en esta Convención. En cuanto al resto de los Estados Partes, entrarán en vigor en la fecha en que depositen sus respectivos instrumentos de ratificación.

Artículo 77

1. De acuerdo con la facultad establecida en el artículo 31, cualquier Estado parte y la Comisión podrán someter a la consideración de los Estados Partes reunidos con ocasión de la Asamblea General, proyectos de protocolos adicionales a esta Convención, con la finalidad de incluir progresivamente en el régimen de protección de la misma otros derechos y libertades.

2. Cada protocolo debe fijar las modalidades de su entrada en vigor, y se aplicará sólo entre los Estados Partes en el mismo.

Artículo 78

1. Los Estados Partes podrán denunciar esta Convención después de la expiración de un plazo de cinco años a partir de la fecha de entrada en vigor de la misma y mediante un preaviso de un año, notificando al Secretario General de la Organización, quien debe informar a las otras partes.

2. Dicha denuncia no tendrá por efecto desligar al Estado parte interesado de las obligaciones contenidas en esta Convención en lo que concierne a todo hecho que, pudiendo constituir una violación de esas obligaciones, haya sido cumplido por él anteriormente a la fecha en la cual la denuncia produce efecto.

CAPÍTULO XI
DISPOSICIONES TRANSITORIAS

Sección 1. Comisión Interamericana de Derechos Humanos

Artículo 79

Al entrar en vigor esta Convención, el Secretario General pedirá por escrito a cada Estado Miembro de la Organización que presente, dentro de un plazo de noventa días, sus candidatos para miembros de la Comisión Interamericana de Derechos Humanos. El Secretario General preparará una lista por orden alfabético de los candidatos presentados y la comunicará a los Estados miembros de la Organización al menos treinta días antes de la próxima Asamblea General.

Artículo 80

La elección de miembros de la Comisión se hará de entre los candidatos que figuren en la lista a que se refiere el artículo 79, por votación secreta de la Asamblea General y se declararán elegidos los candidatos que obtengan mayor número de votos y la mayoría absoluta de los votos de los representantes de los Estados miembros. Si para elegir a todos los miembros de la Comisión resultare necesario efectuar varias votaciones, se eliminará sucesivamente, en la forma que determine la Asamblea General, a los candidatos que reciban menor número de votos.

Sección 2. Corte Interamericana de Derechos Humanos

Artículo 81

Al entrar en vigor esta Convención, el Secretario General pedirá por escrito a cada Estado parte que presente, dentro de un plazo de noventa días, sus candidatos para jueces de la Corte Interamericana de Derechos Humanos. El Secretario General preparará una lista por orden alfabético de los candidatos presentados y la comunicará a los Estados Partes por lo menos treinta días antes de la próxima Asamblea General.

Artículo 82

La elección de jueces de la Corte se hará de entre los candidatos que figuren en la lista a que se refiere el artículo 81, por votación secreta de los Estados Partes en la Asamblea General y se declararán elegidos los candidatos que obtengan mayor número de votos y la mayoría absoluta de los votos de los representantes de los Estados Partes. Si para elegir a todos los jueces de la Corte resultare necesario efectuar varias votaciones, se eliminarán sucesivamente, en la forma que determinen los Estados Partes, a los candidatos que reciban menor número de votos.

EN FE DE LO CUAL, los Plenipotenciarios infrascritos, cuyos plenos poderes fueron hallados de buena y debida forma, firman esta Convención, que se llamará «PACTO DE SAN JOSÉ DE COSTA RICA», en la ciudad de San José, Costa Rica, el veintidós de noviembre de mil novecientos sesenta y nueve.

Convención Interamericana para Prevenir, Sancionar y Erradicar la Violencia contra la Mujer «Convencion De Belem Do Para»

LOS ESTADOS PARTES DE LA PRESENTE CONVENCIÓN,

RECONOCIENDO que el respeto irrestricto a los derechos humanos ha sido consagrado en la Declaración Americana de los Derechos y Deberes del Hombre y en la Declaración Universal de los Derechos Humanos y reafirmado en otros instrumentos internacionales y regionales;

AFIRMANDO que la violencia contra la mujer constituye una violación de los derechos humanos y las libertades fundamentales y limita total o parcialmente a la mujer el reconocimiento, goce y ejercicio de tales derechos y libertades;

PREOCUPADOS porque la violencia contra la mujer es una ofensa a la dignidad humana y una manifestación de las relaciones de poder históricamente desiguales entre mujeres y hombres;

RECORDANDO la Declaración sobre la Erradicación de la Violencia contra la Mujer, adoptada por la Vigésimoquinta Asamblea de Delegadas de la Comisión Interamericana de Mujeres, y afirmando que la violencia contra la mujer trasciende todos los sectores de la sociedad independientemente de su clase, raza o grupo étnico, nivel de ingresos, cultura, nivel educacional, edad o religión y afecta negativamente sus propias bases;

CONVENCIDOS de que la eliminación de la violencia contra la mujer es condición indispensable para su desarrollo individual y social y su plena e igualitaria participación en todas las esferas de vida, y

CONVENCIDOS de que la adopción de una convención para prevenir, sancionar y erradicar toda forma de violencia contra la mujer, en el ámbito de la Organización de los Estados Americanos, constituye una positiva contribución para proteger los derechos de la mujer y eliminar las situaciones de violencia que puedan afectarlas,

HAN CONVENIDO en lo siguiente:

CAPÍTULO I
DEFINICIÓN Y ÁMBITO DE APLICACIÓN

Artículo 1

Para los efectos de esta Convención debe entenderse por violencia contra la mujer cualquier acción o conducta, basada en su género, que cause muerte, daño o sufrimiento físico, sexual o psicológico a la mujer, tanto en el ámbito público como en el privado.

Artículo 2

Se entenderá que violencia contra la mujer incluye la violencia física, sexual y psicológica:

a. que tenga lugar dentro de la familia o unidad doméstica o en cualquier otra relación interpersonal, ya sea que el agresor comparta o haya compartido el mismo domicilio que la mujer, y que comprende, entre otros, violación, maltrato y abuso sexual;

b. que tenga lugar en la comunidad y sea perpetrada por cualquier persona y que comprende, entre otros, violación, abuso sexual, tortura, trata de personas, prostitución forzada, secuestro y acoso sexual en el lugar de trabajo, así como en instituciones educativas, establecimientos de salud o cualquier otro lugar, y

c. que sea perpetrada o tolerada por el Estado o sus agentes, donde quiera que ocurra.

CAPÍTULO II
DERECHOS PROTEGIDOS

Artículo 3

Toda mujer tiene derecho a una vida libre de violencia, tanto en el ámbito público como en el privado.

Artículo 4

Toda mujer tiene derecho al reconocimiento, goce, ejercicio y protección de todos los derechos humanos y a las libertades consagradas por los instrumentos regionales e internacionales sobre derechos humanos. Estos derechos comprenden, entre otros:

a. el derecho a que se respete su vida;

b. el derecho a que se respete su integridad física, psíquica y moral;

c. el derecho a la libertad y a la seguridad personales;

d. el derecho a no ser sometida a torturas;

e. el derecho a que se respete la dignidad inherente a su persona y que se proteja a su familia;

f. el derecho a igualdad de protección ante la ley y de la ley;

g. el derecho a un recurso sencillo y rápido ante los tribunales competentes, que la ampare contra actos que violen sus derechos;

h. el derecho a libertad de asociación;

i. el derecho a la libertad de profesar la religión y las creencias propias dentro de la ley, y

j. el derecho a tener igualdad de acceso a las funciones públicas de su país y a participar en los asuntos públicos, incluyendo la toma de decisiones.

Artículo 5

Toda mujer podrá ejercer libre y plenamente sus derechos civiles, políticos, económicos, sociales y culturales y contará con la total protección de esos derechos consagrados en los instrumentos regionales e internacionales sobre derechos humanos. Los Estados Partes reconocen que la violencia contra la mujer impide y anula el ejercicio de esos derechos.

Artículo 6

El derecho de toda mujer a una vida libre de violencia incluye, entre otros:

a. el derecho de la mujer a ser libre de toda forma de discriminación, y

b. el derecho de la mujer a ser valorada y educada libre de patrones estereotipados de comportamiento y prácticas sociales y culturales basadas en conceptos de inferioridad o subordinación.

CAPÍTULO III
DEBERES DE LOS ESTADOS

Artículo 7

Los Estados Partes condenan todas las formas de violencia contra la mujer y convienen en adoptar, por todos los medios apropiados y sin dilaciones, políticas orientadas a prevenir, sancionar y erradicar dicha violencia y en llevar a cabo lo siguiente:

a. abstenerse de cualquier acción o práctica de violencia contra la mujer y velar por que las autoridades, sus funcionarios, personal y agentes e instituciones se comporten de conformidad con esta obligación;

b. actuar con la debida diligencia para prevenir, investigar y sancionar la violencia contra la mujer;

c. incluir en su legislación interna normas penales, civiles y administrativas, así como las de otra naturaleza que sean necesarias para prevenir, sancionar y erradicar la violencia contra la mujer y adoptar las medidas administrativas apropiadas que sean del caso;

d. adoptar medidas jurídicas para conminar al agresor a abstenerse de hostigar, intimidar, amenazar, dañar o poner en peligro la vida de la mujer de cualquier forma que atente contra su integridad o perjudique su propiedad;

e. tomar todas las medidas apropiadas, incluyendo medidas de tipo legislativo, para modificar o abolir leyes y reglamentos vigentes, o para modificar prácticas jurídicas o consuetudinarias que respalden la persistencia o la tolerancia de la violencia contra la mujer;

f. establecer procedimientos legales justos y eficaces para la mujer que haya sido sometida a violencia, que incluyan, entre otros, medidas de protección, un juicio oportuno y el acceso efectivo a tales procedimientos;

g. establecer los mecanismos judiciales y administrativos necesarios para asegurar que la mujer objeto de violencia tenga acceso efectivo a resarcimiento, reparación del daño u otros medios de compensación justos y eficaces, y

h. adoptar las disposiciones legislativas o de otra índole que sean necesarias para hacer efectiva esta Convención.

Artículo 8

Los Estados Partes convienen en adoptar, en forma progresiva, medidas específicas, inclusive programas para:

a. fomentar el conocimiento y la observancia del derecho de la mujer a una vida libre de violencia, y el derecho de la mujer a que se respeten y protejan sus derechos humanos;

b. modificar los patrones socioculturales de conducta de hombres y mujeres, incluyendo el diseño de programas de educación formales y no formales apropiados a todo nivel del proceso educativo, para contrarrestar prejuicios y costumbres y todo otro tipo de prácticas que se basen en la premisa de la inferioridad o superioridad de cualquiera de los géneros o en los papeles estereotipados para el hombre y la mujer que legitimizan o exacerban la violencia contra la mujer;

c. fomentar la educación y capacitación del personal en la administración de justicia, policial y demás funcionarios encargados de la aplicación de la ley, así como del personal a cuyo cargo esté la aplicación de las políticas de prevención, sanción y eliminación de la violencia contra la mujer;

d. suministrar los servicios especializados apropiados para la atención necesaria a la mujer objeto de violencia, por medio de entidades de los sectores público y privado, inclusive refugios, servicios de orientación para toda la familia, cuando sea del caso, y cuidado y custodia de los menores afectados;

e. fomentar y apoyar programas de educación gubernamentales y del sector privado destinados a concientizar al público sobre los problemas relacionados con la violencia contra la mujer, los recursos legales y la reparación que corresponda;

f. ofrecer a la mujer objeto de violencia acceso a programas eficaces de rehabilitación y capacitación que le permitan participar plenamente en la vida pública, privada y social;

g. alentar a los medios de comunicación a elaborar directrices adecuadas de difusión que contribuyan a erradicar la violencia contra la mujer en todas sus formas y a realzar el respeto a la dignidad de la mujer;

h. garantizar la investigación y recopilación de estadísticas y demás información pertinente sobre las causas, consecuencias y frecuencia de la violencia contra la mujer, con el fin de evaluar la eficacia de las medidas para prevenir, sancionar y eliminar la violencia contra la mujer y de formular y aplicar los cambios que sean necesarios, y

i. promover la cooperación internacional para el intercambio de ideas y experiencias y la ejecución de programas encaminados a proteger a la mujer objeto de violencia.

Artículo 9

Para la adopción de las medidas a que se refiere este capítulo, los Estados Partes tendrán especialmente en cuenta la situación de vulnerabilidad a la violencia que pueda sufrir la mujer en razón, entre otras, de su raza o de su condición étnica, de migrante, refugiada o desplazada. En igual sentido se considerará a la mujer que es objeto de violencia cuando está embarazada, es discapacitada, menor de edad, anciana, o está en situación socioeconómica desfavorable o afectada por situaciones de conflictos armados o de privación de su libertad.

CAPÍTULO IV
MECANISMOS INTERAMERICANOS DE PROTECCIÓN

Artículo 10

Con el propósito de proteger el derecho de la mujer a una vida libre de violencia, en los informes nacionales a la Comisión Interamericana de Mujeres, los Estados Partes deberán incluir información sobre las medidas adoptadas para prevenir y erradicar la violencia contra la mujer, para asistir a la mujer afectada por la violencia, así como sobre las dificultades que observen en la aplicación de las mismas y los factores que contribuyan a la violencia contra la mujer.

Artículo 11

Los Estados Partes en esta Convención y la Comisión Interamericana de Mujeres, podrán requerir a la Corte Interamericana de Derechos Humanos opinión consultiva sobre la interpretación de esta Convención.

Artículo 12

Cualquier persona o grupo de personas, o entidad no gubernamental legalmente reconocida en uno o más Estados miembros de la Organización, puede presentar a la Comisión Interamericana de Derechos Humanos peticiones que contengan denuncias o quejas de violación del artículo 7 de la presente Convención por un Estado Parte, y la Comisión las considerará de acuerdo con las normas y los requisitos de procedimiento para la presentación y consideración de peticiones estipulados en la Convención Americana sobre Derechos Humanos y en el Estatuto y el Reglamento de la Comisión Interamericana de Derechos Humanos.

CAPÍTULO V
DISPOSICIONES GENERALES

Artículo 13

Nada de lo dispuesto en la presente Convención podrá ser interpretado como restricción o limitación a la legislación interna de los Estados Partes que prevea iguales o mayores protecciones y garantías de los derechos de la mujer y salvaguardias adecuadas para prevenir y erradicar la violencia contra la mujer.

Artículo 14

Nada de lo dispuesto en la presente Convención podrá ser interpretado como restricción o limitación a la Convención Americana sobre Derechos Humanos o a otras convenciones internacionales sobre la materia que prevean iguales o mayores protecciones relacionadas con este tema.

Artículo 15

La presente Convención está abierta a la firma de todos los Estados miembros de la Organización de los Estados Americanos.

Artículo 16

La presente Convención está sujeta a ratificación. Los instrumentos de ratificación se depositarán en la Secretaría General de la Organización de los Estados Americanos.

Artículo 17

La presente Convención queda abierta a la adhesión de cualquier otro Estado. Los instrumentos de adhesión se depositarán en la Secretaría General de la Organización de los Estados Americanos.

Artículo 18

Los Estados podrán formular reservas a la presente Convención al momento de aprobarla, firmarla, ratificarla o adherir a ella, siempre que:

a. no sean incompatibles con el objeto y propósito de la Convención;

b. no sean de carácter general y versen sobre una o más disposiciones específicas.

Artículo 19

Cualquier Estado Parte puede someter a la Asamblea General, por conducto de la Comisión Interamericana de Mujeres, una propuesta de enmienda a esta Convención.

Las enmiendas entrarán en vigor para los Estados ratificantes de las mismas en la fecha en que dos tercios de los Estados Partes hayan depositado el respectivo instrumento de ratificación. En cuanto al resto de los Estados Partes, entrarán en vigor en la fecha en que depositen sus respectivos instrumentos de ratificación.

Artículo 20

Los Estados Partes que tengan dos o más unidades territoriales en las que rijan distintos sistemas jurídicos relacionados con cuestiones tratadas en la presente Convención podrán declarar, en el momento de la firma, ratificación o adhesión, que la Convención se aplicará a todas sus unidades territoriales o solamente a una o más de ellas.

Tales declaraciones podrán ser modificadas en cualquier momento mediante declaraciones ulteriores, que especificarán expresamente la o las unidades territoriales a las que se aplicará la presente Convención. Dichas declaraciones ulteriores se transmitirán a la Secretaría General de la Organización de los Estados Americanos y surtirán efecto treinta días después de recibidas.

Artículo 21

La presente Convención entrará en vigor el trigésimo día a partir de la fecha en que se haya depositado el segundo instrumento de ratificación. Para cada Estado que ratifique o adhiera a la Convención después de haber sido depositado el segundo instrumento de ratificación, entrará en vigor el trigésimo día a partir de la fecha en que tal Estado haya depositado su instrumento de ratificación o adhesión.

Artículo 22

El Secretario General informará a todos los Estados miembros de la Organización de los Estados Americanos de la entrada en vigor de la Convención.

Artículo 23

El Secretario General de la Organización de los Estados Americanos presentará un informe anual a los Estados miembros de la Organización sobre el estado de esta Convención, inclusive sobre las firmas, depósitos de instrumentos de ratificación, adhesión o declaraciones, así como las reservas que hubieren presentado los Estados Partes y, en su caso, el informe sobre las mismas.

Artículo 24

La presente Convención regirá indefinidamente, pero cualquiera de los Estados Partes podrá denunciarla mediante el depósito de un instrumento con ese fin en la Secretaría General de la Organización de los Estados Americanos. Un año después a partir de la fecha del depósito del instrumento de denuncia, la Convención cesará en sus efectos para el Estado denunciante, quedando subsistente para los demás Estados Partes.

Artículo 25

El instrumento original de la presente Convención, cuyos textos en español, francés, inglés y portugués son igualmente auténticos, será depositado en la Secretaría General de la Organización de los Estados Americanos, la que enviará copia certificada de su texto para su registro y publicación a la Secretaría de las Naciones Unidas, de conformidad con el artículo 102 de la Carta de las Naciones Unidas.

EN FE DE LO CUAL, los plenipotenciarios infrascritos, debidamente autorizados por sus respectivos gobiernos, firman el presente Convenio, que se llamará Convención Interamericana para Prevenir, Sancionar y erradicar la Violencia contra la Mujer «Convención de Belem do Pará».

HECHA EN LA CIUDAD DE BELEM DO PARA, BRASIL, el nueve de junio de mil novecientos noventa y cuatro.